新型职业农民培育系列教材

农产品质量安全监督管理

◎ 郭永召　苗畅茹　主编

中国农业科学技术出版社

图书在版编目(CIP)数据

农产品质量安全监督管理 / 郭永召，苗畅茹主编.
—北京：中国农业科学技术出版社，2016.8
ISBN 978-7-5116-2678-3

Ⅰ.①农… Ⅱ.①郭… ②苗… Ⅲ.①农产品-质量管理-安全管理-中国 Ⅳ.①F326.5

中国版本图书馆 CIP 数据核字(2016)第 167233 号

责任编辑 崔改泵
责任校对 马广洋

出 版 者 中国农业科学技术出版社
北京市中关村南大街 12 号 邮编:100081
电　　话 (010)82109194(编辑室) (010)82109702(发行部)
(010)82109709(读者服务部)
传　　真 (010)82106650
网　　址 http://www.castp.cn
经 销 者 各地新华书店
印 刷 者 北京富泰印刷有限责任公司
开　　本 850mm×1 168mm 1/32
印　　张 7.25
字　　数 182 千字
版　　次 2016 年 8 月第 1 版 2016 年 8 月第 1 次印刷
定　　价 28.00 元

《农产品质量安全监督管理》

编　委　会

主　　编	郭永召	苗畅茹	
副主编	傅　运	蔡海燕	吴洪凯
	王建军	张晓丽	李野牧
	朱明乾	蔡泽端	张大华
	陈启峰	杨富春	许庆凡
参编人员	武　萌	何　煦	曹龙飞
	张莎莎	孙　娜	何海涛
	谢　鸣	杨海益	毛桂梅
	廖国宏	姚则羊	郭占峰
	贾静娜	李琼芬	耿记申
	李　燕	靳　青	

前　言

农产品质量安全涉及人民群众的健康，意义重大。21世纪以来，连续9年的中央一号文件，都对农产品质量安全工作提出了要求，特别是2014年的中央一号文件明确指出："强化农产品质量和食品安全监管。建立最严格的覆盖全过程的食品安全监管制度，完善法律法规和标准体系，落实地方政府属地管理和生产经营主体责任。支持标准化生产、重点产品风险监测预警、食品追溯体系建设，加大批发市场质量安全检验监测费用补助力度。加快推进县乡食品、农产品质量安全监测体系和监管能力建设。"

本书侧重科技知识，兼顾针对性、实用性和可操作性，旨在为广大基层科技人员和农民提供通俗易懂、便于学习和掌握的科技知识。本书内容包括农产品质量安全监管法规、农产品质量安全监管机构、农产品质量安全检验检测、农产品质量安全执法监管、农业标准化生产监督管理、安全优质农产品监督管理、农业生物转基因的监督管理、农产品质量安全环境监督管理等。

因写作水平所限，文中错误与不当之处，请广大读者批评指正。

编　者

目 录

第一章 绪 论

第一节 农产品质量安全概述

一、农产品质量安全的概念

按照产品质量安全法的有关规定，农产品是指源于农业的初级产品，即在农业活动中获得的植物、动物、微生物及其产品。农产品质量安全，指农产品质量符合保障人的健康、安全的要求。广义的农产品质量安全还包括农产品满足贮运、加工、消费、出口等方面的要求。

农产品质量安全水平，指农产品符合规定的标准或要求的程度。当前提高农产品质量安全水平，就是要提高防范农产品中有毒有害物质对人体健康可能产生的危害的能力。一般来说，农产品质量安全水平是一个国家或地区经济社会发展水平的重要标志之一。

二、农产品质量安全的特点

由于农产品质量安全水平是指农产品符合规定的标准或要求的程度，这种程度可以是正的，也可以是负的。负的农产品质量水平，即农产品不安全，具有以下几个明显的特点。

（一）危害的直接性

农产品的质量不安全主要是指其对人体健康造成危害而

言。大多数农产品一般都直接消费或加工后被消费。受物理性、化学性和生物性污染的农产品均可能直接对人体健康和生命安全产生危害。

（二）危害的隐蔽性

农产品质量安全的水平或程度仅凭感观往往难以辨别，需要通过仪器设备进行检验检测，有些甚至还需要进行人体或动物试验后才能确定。由于受科技发展水平等条件的制约，部分参数或指标的检测难度大、检测时间长。因此，质量安全状况难以及时准确判断，危害具有较强的隐蔽性。

（三）危害的累积性

不安全农产品对人体危害的表现，往往经过较长时间的积累才能发现。如部分农药、兽药残留在人体积累到一定程度后，就可能导致疾病的发生和恶化。

（四）危害产生的多环节性

农产品生产的产地环境、投入品、生产过程、加工、流通、消费等各环节均有可能对农产品产生污染，引发质量安全问题。

（五）管理的复杂性

农产品生产周期长、产业链条复杂、区域跨度大；农产品质量安全管理涉及多学科、多领域、多环节、多部门，控制技术相对复杂；加之我国农业生产规模小，生产者经营素质不高，致使农产品质量安全管理难度大。

三．危害农产品质量安全的三类来源

（一）物理性污染

指由物理性因素对农产品质量安全产生的危害。如因人工或机械等因素在农产品中混入杂质或农产品因辐照导致放射性污染等。

（二）化学性污染

指在生产加工过程中使用化学合成物质而对农产品质量安全产生的危害。如使用农药、兽药、添加剂等造成的残留。

（三）生物性污染

指自然界中各类生物性污染对农产品质量安全产生的危害。如致病性细菌、病毒以及某些毒素等。生物性污染具有较大的不确定性，控制难度大。

四、农产品质量安全事故的处理

（一）高度重视，积极应对

依据《中华人民共和国农产品质量安全法》及时处理、报告、通报各地的农产品上市情况及质量安全状况和事件，依据《国家重大食品安全事故应急预案》对农产品食品安全事件由全国统一领导、地方政府负责、部门指导协调、各方联合行动的方针积极处理，将损失降低到最少。

（二）明确职责，落实责任

明确地方政府、农业部和有关部门及农业系统内部 3 个方面的关系及工作程序和职责，做到各司其职，各尽所能。

（三）制定预案，依法应急

依法规范程序，做到一旦在农产品生产、销售等各个环节发现问题能及时落实责任单位、责任人，及时处理问题，不断完善手段，做到科学有效。

（四）及时反应，快速行动

当有农产品质量安全事故发生时，快速启动预案，积极迅速开展工作；启动应急预案，进行应急处置，严格控制事态发展，将危害降至最低。

（五）加强监测，群防群控

对于农产品质量安全事件及时分析、评估和预警，做到防患于未然；坚持群防群控，做到早发现、早报告、早控制。

（六）科学调查，准确评价

对于调查、处理、技术鉴定等，做到有理有据，科学准确；用标准说话，用数据说话，以事实为依据，以法律为准绳。

第二节　我国农产品质量安全监督与管理的发展历程

一、农产品质量安全相关法律法规不完善

与发达国家、国际组织的农产品质量安全法律体系相比，我国的农产品质量安全相关法律体系还不够完善，突出表现为相关法律、法规相互交叉，配套法规不完善等问题。农产品作为食品的重要大类，农产品质量安全与食品安全的相关法律法规应该保持监管主体、执行渠道的协调一致。然而现实情况是，食品卫生与农产品质量安全有两套规定不一致的法律、法规，在制定法律、法规时部门间的沟通、协调严重不足，有些法规并没有经过严格的提案、公开征求意见、复审、修正的程序，导致执行不力。

二、农产品质量安全管理体系有缺口

我国农业生产监管受计划经济体制下生产、加工、运输、销售等多部门分割的管理体制影响较深，部门分割、切块分段共管的现状成为我国农产品质量安全标准体系建设的重要障碍。中央一级的食品药品监督管理局、卫生部、农业部、国家质检总局、商务部与各省、市、县一级相应的延伸机构，各自监管农产品生产加工销售的某一环节，权责有交叉更有空白，形成了“多头管理，无人负责”的局面。中央与地方各级监管机

构有各自独立的监管规章和标准，监管投入经费总体不足，结构不平衡，致使中央与地方工作无法协调开展。同时，农产品质量安全体系建设中的监管行业参与不够，即使某些农产品市场有行业组织、行业协会存在，但是运行不规范，无法形成行业自律机制，与消费者的沟通协调较少，致使生产经营企业一味追逐利润，与消费者消费安全、营养、卫生的产品需求背道而驰。

三、农产品质量安全信息不对称

由于对优质安全农产品的宣传引导不够细化和深入，市场中农产品种类繁多、品牌杂乱，农产品质量安全信息不对称，使消费者、经营者对优质安全农产品难以准确辨别，优质农产品难以实现优价，影响了生产者提高农产品质量安全水平的积极性。政府在农产品出口环节缺乏协调一致的信息发布和预警机制，缺乏与行业协会或商会、农产品生产者间的信息共享，导致农产品出口遇到危机无法及时采取有效措施减少损失。我国全程质量控制和农产品质量安全溯源属于建立初期。农产品质量安全问题目前主要集中在农药残留、兽药残留超标。虽然各地陆续建立了形式多样的农产品质量安全追溯方法，但大都各行其是，多数地区没有建立有效的农产品质量安全追溯制度，农产品从“农田到餐桌”的全程追溯管理尚未到位。

第三节 农产品质量安全监督与管理的现状

一、中国农产品质量安全现状

（一）农产品数量稳步增长，质量安全水平逐年提高

中国政府采取了一系列有利于农业农村经济发展的政策措施，用仅占世界15%的粮食作物播种面积生产出了占世界总

产量21%的粮食，以占世界不到10%的土地面积养活了占世界的22%人口。近年来，我国主要农产品总产量持续增长，随着农业连年丰产丰收，我国粮食和其他食用农产品实现了由长期短缺到总量基本平衡、丰年有余的历史性转变。安全优质农产品快速发展，形成了以无公害农产品、绿色食品、有机农产品、农产品地理标志为基本类型的格局，通过"三品一标"认证等级的农产品超高9万个，占使用农产品商品总量的40%以上。粮食生产更是稳定发展，成功实现了前所未有的"十连增"。在解决农产品数量安全的同时，也着力解决好农产品质量安全问题。2001年农业部在全国启动实施了"无公害食品行动计划"，加强农业投入品、农产品生产、市场准入3个环节的管理，推动从农田到市场的全程监管，开展例行监测，提高农产品质量安全生产和管理水平。监测结果表明，中国主要农产品合格率保持高位，农产品质量安全水平明显提高，2014年，蔬菜、畜禽和水产品合格率分别为96.3%、99.2%和93.6%，总体保持在较高水平。

（二）农产品质量安全法律法规、农业技术标准体系逐渐形成

我国已制定出40多部国家法律、行政法规和部门规章，如《中华人民共和国产品质量法》《中华人民共和国食品安全法》《中华人民共和国农产品质量安全法》《生产加工企业质量安全监督管理实施细则食品》等，2014年1月21日，农业部发布了新修订的《农产品质量安全突发事件应急预案》，足见国家对农产品质量安全的重视。农产品质量安全方面的法律法规已经逐渐系统化，形成了农产品质量安全法律和法规的集合法群与总体框架，且日趋科学合理。2014年定为全国农产品质量安全监管年，明确了严格农业投入品监管、严格生产管控和生产记录、严格监测抽查制度、逐步建立产地证明和追溯管理制度、严格畜禽定点屠宰和奶站许可管理、大力推进农业标准

化、畅通投诉举报渠道、建立严格的案件查处移送和责任追究制度等重点工作举措。

我国政府已组织制定农业国家标准 420 余项、行业标准 1 200余项、无公害食品行业标准 199 项、农业地方标准 1.6 万余项，组建全国农业标准化技术委员会 20 多个。标准范围从农作物种子、种畜禽发展到种植业、畜牧业、渔业、热带作物、饲料工业、农机化、农村能源与环境、农业高新技术等各个领域，标准的内容也从原来的产品标准延伸到关键技术以及加工、包装、贮运等各个环节。为适应中国农业发展新阶段的需要，中国农业部和财政部设立了农业行业标准制修订专项，加大了农业行业标准制定和修订的力度，力争在最短的时间内建立起一套既符合中国国情又与国际接轨的农产品质量标准体系。

（三）农产品质量安全认证体系建设初见成效

提高农产品质量安全水平，认证认可工作至关重要。近年来，在国家认监委和有关部门的大力支持和指导下，通过各级农业部门的共同努力，农产品质量安全认证工作从无到有，逐步规范、不断发展。基本形成了以产品认证为重点、体系认证为补充的农产品质量安全认证体系。认证包括产品认证和体系认证。产品认证是对终端产品质量安全状况进行评价的活动，体系认证是对生产条件保证能力进行评价的活动。对体系认证而言，比较符合中国农业生产实际的体系认证主要是“三 P”认证，即 GAP（良好农业操作规范）、GMP（良好生产规范）、HACCP（危害分析与关键点控制）。从中国的农产品生产实际和发展方向上看，相当长一段时期，农产品的认证还主要是产品认证。在产品认证当中，主要的是无公害农产品、绿色食品、有机食品认证。截至 2014 年，“三品一标”认证持续推进，全年新认证无公害农产品 11 912 个，绿色食品 7 335 个，有机食品 3 316 个，地标农产品 213 个，“三品一标”总数达到 10.7 万个。

（四）检验检测体系逐步建立，监管能力逐步增强

农业部在全国规划建设了 179 个部级农产品质检中心，现在已有 164 个部级质检中心获得农业部的授权认可和国家计量认证。同时，已有近 50%的省（区、市）建立了省级农产品质量安全检测中心。400 多个县建立了以速测为主的农产品质量安全检测站。已基本建立起部省县三级配套、互为补充、常规检验与快速检验相结合的农产品质量安全检验检测体系。在加强检验检测体系建设的同时，各地开展了大量的农产品质量安全检测工作，积极建立健全例行监测制度。我国逐步建立完善了农产品质量安全例行监测、行业普查和监督抽查制度，启动实施了农药、兽药、饲料、水产品药残监控等监控计划，加大了对农产品、农业投入品和产地环境的监督、监测力度。

二、中国农产品质量安全保障措施与展望

（一）大力推进农业标准化

（1）加快农兽药残留等质量安全限量标准制修订，跟进配套制定相应的生产技术规程和检验检测方法。力争用 35 年的时间，优先建立、健全食用农产品农兽药残留标准体系。

（2）建立农业标准化生产补贴制度，对严格按照标准化要求生产的“三园两场”示范基地、“三品一标”获证单位、农业龙头企业和合作社进行扶持，充分发挥引领和带动作用，全面提高农业标准化生产普及率。

（二）积极推行质量追溯管理

尽快搭建国家农产品质量安全追溯公共信息平台，为实行全国农产品质量安全信息共享奠定基础；在“三品一标”企业、

农业龙头企业、农民合作社试点开展农产品质量安全追溯示范；设立质量安全追溯财政专项，对开展追溯的企业和基地进行激励性补贴。力争通过35年，使全国范围内的所有获证“二品一标”产品全部实现可追溯，50%的龙头企业和合作社实行追溯管理。实现生产、经营、消费、监管信息对称，提高政府监管效率和公信力。

（三）进一步强化检验监测

检验监测是农产品质量安全执法监管的重要依据。现在突出的问题是监测比例低、样品数量少、代表性不够，基层质检机构运行乏力。应按照法定制度安排，扩大风险监测规模，增加监测频次和样品量，努力达到国务院食品安全“十二五”规划提出的每年每万吨3个样品的比例；同时，大力推动各级农业部门落实本地区、本行业农产品质量安全监督抽查制度，督促生产经营者落实相关的法律责任。同时，加快完善地县两级质检体系建设，强化质检机构管理，通过培训、练兵、考核等方式提高质检能力，确保各类、各级监测工作协调衔接。

（四）全面启动风险评估

风险评估是探索未知、评价已知和营养功能评价的国际通行做法。具体措施有：

(1)完善风险评估体系，加快建设国家农产品质量安全风险评估中心，发挥行业引领作用，同时迅速规划延伸主产区风险评估监测站点，加强动态监控。

(2)抓紧编制国家农产品质量安全风险评估能力建设规划和农产品质量安全风险评估年度计划，对各农产品品种、不同危害因子、不同的影响环节进行深入排查和评估，真正做到对农产品质量安全家底清、底数明、风险受控。

(3)抓紧构建以突发事件处置为重点的预警信息平台，实现农产品质量安全突发问题和相关舆情“及早发现、快速处置”。

（五）稳步发展“三品一标”

“二品一标”是指无公害产品、绿色食品、有机农产品和农产品地理标志的统称，是农产品质量安全顺向推动的重要抓手和标准化生产的重要载体，也是指导生产、引导消费的重要平台。

(1)加快认证进程，不断扩大总量规模，力争用5年左右时间，使80%的农产品生产基地通过“三品一标”产地认定，60%的上市农产品通过“三品一标”产品认证。

(2)加强证后监管，打击假冒伪劣，强化品牌培育和消费引导，保持和提升品牌公信力。

(3)建立全国统一的“三品一标”补贴或奖励政策，推动“三品一标”快速发展。加快推进监管能力建设，设立农产品质量安全执法监管条件建设基本项目，尽快为基层监管机构配备必要的执法取证、监督查处、交通通信、无害化处理等设施设备。大力推动农产品质量安全监管示范县创建，在中央财政设立基层农产品质量安全监管财政转移支付项目，以确保地、县、乡三级农产品质量安全监管能依法履职，实现各级分工负责、各有侧重，从生产源头确保消费安全。

我国农产品质量安全工作取得了显著成效，同时面临着一些新的问题和挑战。党的“十八大”确定了居民收入倍增和全面建成小康社会的奋斗目标，对农产品质量安全提出了更高要求，也提供了难得的发展机遇。未来应根据新形势和新任务，一手抓执法监管、一手抓标准化生产，着力加强监管能力建设，为努力确保不发生重大农产品质量安全事件、推动农业农村经济持续健康发展提供坚强保障。

第二章　农产品质量安全监管法规

改革开放以来，我国加强了农产品质量安全方面的法制建设。在已制定的法律法规中，涉及农产品质量安全方面的法律法规和部门规章主要包括五大方面：一是农产品质量安全标准方面的；二是农产品产地环境管理方面的；三是农产品生产管理方面的；四是农产品销售管理方面的；五是农产品质量安全监督管理方面的。

第一节　农产品质量安全标准方面的法律法规

1989 年国家颁布的《中华人民共和国标准化法》和 1990 年国务院颁布的《标准化法实施条例》是目前我国制定各项标准的基本法律依据。此外，《中华人民共和国农产品质量安全法》《中华人民共和国食品卫生法》和《兽药管理条例》又针对各行业及其产品管理的特殊性做了例外的规定。《中华人民共和国标准化法》和《标准化法实施条例》确立了以国家标准为主体，行业标准、地方标准和企业标准配套的标准体系，以及标准化主管部门统一管理和行业管理部门分工负责的标准制定、实施与监督管理体制。《农产品质量安全法》[①]《食品卫生法》和《兽药管理条例》确立了相关行业以国家标准为主体，行业管理部门统一负责实施的管理体制。《农产品质量安全法》第十一条规

① 为叙述简洁，全书法律法规名称中的“中华人民共和国”省略。下同

定，国家建立健全农产品质量安全标准体系。

第二节　农产品产地环境管理方面的法律法规

农产品产地环境直接关系到农产品质量和安全，加强农产品质量安全管理，必须首先从产地环境抓起。目前，国家在环境保护和管理方面制定了大量的法律法规，与农产品产地环境管理关系比较密切的主要有《环境保护法》《清洁生产促进法》《环境影响评价法》《海洋环境保护法》《水污染防治法》《大气污染防治法》《固体废物污染环境防治法》《农业法》《农产品质量安全法》《基本农田保护条例》等，这些法律法规建立了环境保护的基本制度，还有一些专门针对农业环境保护与管理的规定。根据规范对象的不同，可以分为两种情况：一类是关于保护和改善农业生产环境的基本规定；另一类是针对农用地环境、渔业水域环境、畜禽养殖环境做出的不同规定。

一、保护和改善农业生产环境的基本规定

一是关于保护和改善农业环境的规定。《农业法》第五十七条规定，发展农业和农村经济应当合理开发和利用可再生能源和清洁能源，发展生态农业，保护和改善生态环境。《环境保护法》第二十条规定，保护农业环境是各级政府的义务，各级政府应当加强对农业环境的保护，防止农业生态失调现象的发生和发展。《农产品质量安全法》第十九条规定，农产品生产者应当合理使用化肥、农药、兽药、农用薄膜等化工产品，防止对农产品产地造成污染。

二是关于防治农业生态环境污染的规定。《农业法》第六十六条规定，县级以上人民政府应当采取措施，督促有关单位进行治理，防治废水、废气和固体废弃物对农业生态环境的污

染；排放废水、废气和固体废弃物造成农业生态环境污染事故的，由环境保护行政主管部门或者农业行政主管部门依法调查处理。《农产品质量安全法》第十八条规定，禁止违反法律、法规的规定向农产品产地排放或者倾倒废水、废气、固体废物或者其他有毒有害物质。农业生产用水和用作肥料的固体废物，应当符合国家规定的标准。

三是关于实行农业清洁生产的规定。《清洁生产促进法》第二十二条规定，农业生产者应当科学地使用化肥、农药、农用薄膜和饲料添加剂，改进种植和养殖技术，实现农产品的优质、无害和农业生产废物的资源化，防止农业环境污染，禁止将有毒、有害废物用作肥料或者用于造田。

《农产品质量安全法》第十五条规定，县级以上地方人民政府农业行政主管部门按照保障农产品质量安全的要求，根据农产品品种特性和生产区域大气、土壤、水体中有毒有害物质状况等因素，认为不适宜特定农产品生产的，提出禁止生产的区域，报本级人民政府批准后公布。具体办法由国务院农业行政主管部门商国务院环境保护行政主管部门制定。农产品禁止生产区域的调整，依照前款规定的程序办理。同时，《农产品质量安全法》第十七条规定，禁止在有毒有害物质超过规定标准的区域生产、捕捞、采集食用农产品和建立农产品生产基地。

二、农用地环境、渔业水域环境、畜禽养殖环境规定

（一）农用地环境管理规定

现行法律法规关于农用地环境的内容主要是基本农田环境保护和管理的规定。

一是基本农田地力分等定级制度。《基本农田保护条例》第二十条和第二十一条规定，县级人民政府应当根据当地实际情况制定基本农田地力分等定级办法，由农业行政主管部门会同

土地行政主管部门组织实施，对基本农田地力分等定级，并建立档案。农村集体经济组织或者村民委员会应当定期评定基本农田地力等级。

二是保持和培肥地力。《农业法》第五十八条规定，农民和农业生产经营组织应当保养耕地，采用先进技术保护和提高地力，防止农用地地力衰退。《基本农田保护条例》第十九条、第二十二条规定，利用基本农田从事农业生产的单位和个人应当保持和培肥地力；县级以上地方各级人民政府农业行政主管部门应当逐步建立基本农田地力与施肥效益长期定位监测网点，定期向本级人民政府提出基本农田地力变化状况报告以及相应的地力保护措施，并为农业生产者提供施肥指导服务。

三是防治农田灌溉用水污染。《水污染防治法》第三十七条的规定，凡是向农田灌溉渠道排放工业废水和城市污水的，应当保证其下游最近的灌溉取水点的水质符合农田灌溉水质标准；农生产者利用工业废水和城市污水进行灌溉的，应当防止污染土壤、地下水和农产品。

四是防止农药、化肥、农用薄膜等农业投入品的不合理使用污染农田环境。《农业法》第五十八条规定，农民和农业生产经营组织应当合理使用化肥、农药、农用薄膜，增加使用有机肥料，防止农用地受到污染和破坏。《海洋环境保护法》第三十七条规定，沿海农田、林场应当合理使用化肥和植物生长调节剂，施用化学农药必须执行国家农药安全使用的规定和标准。《基本农田保护条例》第十九条、第二十五条规定，国家提倡和鼓励农业生产者对其经营的基本农田施用有机肥料，合理施用化肥和农药；向基本农田保护区提供肥料和作为肥料的城市垃圾、污泥的，必须符合国家有关标准。

五是基本农田环境污染监测和评价。《基本农田保护条例》第二十三条规定，县级以上人民政府农业行政主管部门应当会同同级环境保护行政主管部门对基本农田环境污染进行监测和评价，并定期向本级人民政府提出环境质量与发展趋势的报告。

六是防止固体废弃物污染农田环境。《农业法》第六十五条规定，农产品采收后的秸秆及其他剩余物质应当综合利用，妥善处理，防止造成环境污染和生态破坏。《固体废物污染环境防治法》第十九条规定，使用农用薄膜的单位和个人，应当采取回收利用等措施，防止或者减少农用薄膜对环境的污染；第二十条规定，禁止在人口集中地区、机场周围、交通干线附近以及当地人民政府划定的区域露天焚烧秸秆；第二十二条规定，在国务院和国务院有关主管部门及省、自治区、直辖市人民政府划定的基本农田保护区内，禁止建设工业固体废物集中贮存、处置的设施、场所和生活垃圾填埋场。《基本农田保护条例》第十七条规定，禁止在基本农田堆放固体废弃物。

七是农田污染事故应急处理和报告。《基本农田保护条例》第二十六条规定，因发生事故或者其他突然性事件，造成或者可能造成基本农田环境污染的，当事人必须立即采取措施处理，并向当地环境保护行政主管部门和农业行政主管部门报告，接受调查处理。

（二）渔业水域环境管理规定

主要有以下几个大的方面。

一是重要渔业水域（体）实行特别保护。《水污染防治法》的规定，县级以上人民政府可以对重要渔业水体划定保护区，并采取措施，保证保护区的水质符合规定用途的水质标准；规定在重要渔业水体不得新建排污口，在渔业水体保护区附近新建排污口的，必须保证保护区水体不受污染。根据《海洋环境保护法》的规定，国务院和沿海地方各级人民政府应当采取有效措施，保护重要渔业水域、具有重要经济价值的海洋生物生存区域，不得在重要渔业水域新建排污口、从事污染环境的海岸工程项目建设或者其他活动；环境保护行政主管部门在批准设置入海排污口之前，必须征求渔业行政主管部门的意见。

二是发展生态渔业。《海洋环境保护法》第二十八条规定，国家鼓励发展生态渔业建设，推广多种生态渔业生产方式，改善海洋生态状况；海水养殖应当科学确定养殖密度，并应当合理投饵、施肥，正确使用药物，防止造成海洋环境的污染。

三是规范水产养殖用药。《农业法》第六十五条规定，从事水产养殖的单位和个人应当合理投饵、施肥、使用药物，防止造成环境污染和生态破坏。

四是渔业水域环境污染的监督。《环境保护法》第七条规定，国家渔政渔港监督管理部门依照有关法律的规定对环境污染防治实施监督管理。《海洋环境保护法》第五条规定，国家渔业行政主管部门负责海洋渔业水域生态环境工作，并负责调查处理除了非渔业、非军事船舶污染海洋环境造成的渔业污染事故以外的其他渔业污染事故。《水污染防治法》第二十八条、第五十三条规定，污染物超过正常排放量，或造成渔业污染事故的，排污单位应当接受渔政渔港监督管理机构的调查处理，对造成渔业污染事故的，渔政渔港监督管理机构可以根据污染造成的危害和损失情况给予一定的行政处罚。

（三）畜禽养殖环境管理规定

《农业法》第六十五条规定，从事畜禽等动物规模养殖的单位和个人应当对粪便、废水及其他废弃物进行无害化处理或者综合利用。《固体废物污染环境防治法》第二十条规定从事畜禽规模养殖应当按照国家有关规定收集、贮存、利用或者处置养殖过程中产生的畜禽粪便，防止污染环境；第七十一条从事畜禽规模养殖未按照国家有关规定收集、贮存、处置畜禽粪便，造成环境污染的，由县级以上地方人民政府环境保护行政主管部门责令限期改正，可以处 5 万元以下的罚款。

第三节　农产品生产管理方面的法律法规

农产品生产管理包括农业投入品使用管理和农产品生产过程管理，涉及《农产品质量安全法》《农业技术推广法》《动物防疫法》《进出境动植物检疫法》《进出境动植物检疫法实施条例》《农药管理条例》《饲料和饲料添加剂管理条例》《兽药管理条例》《植物检疫条例》。

一、农业投入品生产许可制度

《农产品质量安全法》和农药、兽药、饲料与饲料添加剂管理法规都规定了这一制度。这一制度又可具体分为 3 类许可：一是针对企业本身的生产许可，确保生产企业具备生产出合格产品所需的人员、设备、场所、环境等条件；二是针对产品的生产许可，确保产品本身的安全、可靠；三是针对国外产品的进口许可，类似于针对国内产品的生产许可。《农产品质量安全法》第二十条第一款规定，对可能影响农产品质量安全的农药、兽药、饲料和饲料添加剂、肥料、兽医器械，依照有关法律、行政法规的规定实行许可制度。

二、农业投入品经营许可制度

农业投入品多具有潜在的危险性乃至毒害性，储存不当还容易变质，这就要求其经营者应当具备一定的设施、设备、人员、技术等条件，能够保证所经营的农业投入品的质量，对购买农业投入品的农业生产者给予一定的指导。因此，农药、兽药、饲料和饲料添加剂管理法规都对经营者所应具备的条件做了规定，《兽药管理条例》还明确规定兽药经营应当获得兽医行政部门的许可。

三、农业投入品安全使用制度

农业投入品的安全使用直接关系到农产品质量安全，《农产品质量安全法》和农药、兽药、饲料和饲料添加剂管理法规都对安全使用做出了规定。这些规定既有比较原则的规定，如“使用农药应当遵守国家有关农药安全、合理使用的规定”“使用饲料添加剂应当遵守国务院农业行政主管部门制定的安全使用规范”等；也有非常明确、具体的规定，如“剧毒、高毒农药不得用于蔬菜、瓜果、茶叶和中草药材”“禁止将原料药直接添加到饲料及动物饮用水中或者直接饲喂动物”等。特别是《农产品质量安全法》对投入品的使用规定得更具体。

《农产品质量安全法》第二十四条规定，农产品生产企业和农民专业合作经济组织应当建立农产品生产记录，如实记载：一是使用农业投入品的名称、来源、用法、用量和使用、停用的日期；二是动物疫病、植物病虫草害的发生和防治情况；三是收获、屠宰或者捕捞的日期。农产品生产记录应当保存2年。禁止伪造农产品生产记录。国家鼓励其他农产品生产者建立农产品生产记录。同时，《农产品质量安全法》第二十五条规定，农产品生产者应当按照法律、行政法规和国务院农业行政主管部门的规定，合理使用农业投入品，严格执行农业投入品使用安全间隔期或者休药期的规定，防止危及农产品质量安全。禁止在农产品生产过程中使用国家明令禁止使用的农业投入品。

四、农业投入品标签和说明书制度

农业投入品的使用有严格的科学要求，需要生产者通过标签和说明书给予使用者指导。因此，农药、兽药、饲料和饲料添加剂管理法规都规定了标签和说明书制度，要求生产者真实、全面地标注成分、用法、用量、生产日期、有效期和注意事项等有关内容，方便使用者科学使用。

五、农业投入品禁用限用制度

对于科学和实践证明对农业生产有害的农业投入品，农药、兽药、饲料和饲料添加剂管理法规都规定了禁用限用制度，如《农药管理条例》中的限制使用和撤销登记制度，《兽药管理条例》中的禁用药品制度，《饲料和饲料添加剂管理条例》中的限用、停用或禁用制度。

六、监测和残留监控制度

为保证农业投入品的质量，《农产品质量安全法》和《兽药管理条例》《饲料和饲料添加剂管理条例》都规定了质量监督制度。《农产品质量安全法》第二十一条第二款规定，国务院农业行政主管部门和省、自治区、直辖市人民政府农业行政主管部门应当定期对可能危及农产品质量安全的农药、兽药、饲料和饲料添加剂、肥料等农业投入品进行监督抽查，并公布抽查结果。此外，《农药管理条例》和《兽药管理条树》还规定了残留检测制度，要求有关部门进行残留检测，并公布检测结果。

七、农业技术推广制度

《农业技术推广法》建立了农业技术推广制度，国家鼓励和支持农技推广机构和科研院所等其他组织、个人向农民推广先进适用的农业技术。《农产品质量安全法》第二十三条规定，农业科研教育机构和农业技术推广机构应当加强对农产品生产者质量安全知识和技能的培训。《农产品质量安全法》第二十七条规定，农民专业合作经济组织和农产品行业协会对其成员应当及时提供生产技术服务，建立农产品质量安全管理制度，健全农产品质量安全控制体系，加强自律管理。

八、动植物检疫制度

为防止动物疫病和植物病、虫、草害传播和蔓延，动物和动物产品应当经检疫合格方可运输、上市；从疫情发生地调运应施检疫植物或植物产品，或者异地运输种子、苗木和其他繁殖材料，都应当经检疫机构检疫合格。《农产品质量安全法》第三十一条规定，依法需要实施检疫的动植物及其产品，应当附具检疫合格标志、检疫合格证明。

第四节　农产品销售管理方面的法律法规

农产品销售管理主要涉及《农产品质量安全法》《产品质量法》《食品卫生法》《消费者权益保护法》《商标法》和《认证认可条例》《农业转基因生物安全管理条例》。

一、质量认证制度

质量认证包括体系认证和产品认证两种，目的在于保证和提高产品、服务的质量和管理水平。按照《产品质量法》的规定，认证均是自愿性的，是否进行认证由被认证者自行决定。但《认证认可条例》则新增了产品强制性认证制度，列入由国务院认证认可监督管理部门会同国务院有关部门制定的产品目录的产品必须经过认证方可出厂、销售、进口或者在其他经营活动中使用。

二、产品质量安全要求

一是要符合保障人体健康和人身、财产安全的要求特别是国家标准和行业标准；二是要名实一致，产品符合在产品或者其包装上注明采用的产品标准，不得掺杂、掺假，不得以假充真、以次充好，不得以不合格产品冒充合格产品。《农产品质量安全法》规定了农产品销售的市场准入条件，即第三十三条规定，有下面5种情形之一的农产品不得销售：

一是含有国家禁止使用的农药、兽药或者其他化学物质的；二是农药、兽药等化学物质残留或者含有的重金属等有毒有害物质不符合农产品质量安全标准的；三是含有的致病性寄生虫、微生物或者生物毒素不符合农产品质量安全标准的；四是使用的保鲜剂、防腐剂、添加剂等材料不符合国家有关强制性的技术规范的；五是其他不符合农产品质量安全标准的。

三、产品包装制度

《农产品质量安全法》第二十八条规定，农产品生产企业、农民专业合作经济组织以及从事农产品收购的单位或者个人销售的农产品，按照规定应当包装或者附加标识的，须经过包装或者附加标识后方可销售。包装物或者标识上应当按照规定标明产品的品名、产地、生产者、生产日期、保质期、产品质量等级内容；使用添加剂的，还应当按照规定标明添加剂的名称。具体办法由国务院农业行政主管部门制定。《产品质量法》《消费者权益保护法》并未要求产品必须包装，而仅对包装上的标识内容做了规定；《食品卫生法》则明确要求直接入口的食品应当有小包装或者使用无毒、清洁的包装材料；并规定食品、食品添加剂和专用于食品的容器、包装材料及其他用具，其生产者必须按照卫生标准和卫生管理办法实施检验合格后，方可出厂或者销售。

四、产品标识制度

相关法律首先要求标识应当以中文标示，清楚和容易辨识。其次要求标识内容应当全面，一般包括：产品名称，生产者名称和地址，产品规格、等级、所含主要成分的名称和含量、检验合格标志等；根据产品本身的特性，标识内容还包括生产日期和安全使用期或者失效日期，以及警示标志或者中文警示说明等；属于农业转基因生物的，还要有特别标识。第三，要求标识内容应当真实，不得伪造产地，不得伪造或者冒用他人的厂名、厂址；不得伪造或者冒用认证标志等质量标志等。《农产品质量安全法》第二十八条在规定包装的同时，对标识也进行了规定。第二十八条规定，农产品包装物或者标识上应当按照规定标明产品的品名、产地、生产者、生产日期、保质期、产品质量等级内容；使用添加剂的，还应当按照规定标明添加剂的名称。第三十条规定，属于农业转基因生物的农产品，应当按照农业转基因生物安全管理的有关规定进行标识。第三十二条规定，销售的农产品必须符合农产品质量安全标准，生产者可以申请使用无公害农产品标志。农产品质量符合国家规定的有关优质农产品标准的，生产者可以申请使用相应的农产品质量标志。禁止冒用前款规定的农产品质量标志。

五、生产经营环节质量管理制度

主要体现在《食品卫生法》的规定中。首先，要求生产经营者的生产经营环境、厂房或场所、工具设备及其布局、工艺流程符合安全卫生的要求，并取得卫生许可证。其次，要求生产经营人员须身体健康，取得健康证明并在生产经营过程中讲究卫生。《产品质量法》和《食品卫生法》还要求生产经营者特别是经营者建立并执行进货检查验收制度，验明产品合格证明和其他标识，保证标识符合规定；并采取措施，保持销售产品的质量；此外，还禁止生产者生产国家明令淘汰的产品；禁止销售者销售国家明令淘汰并停止销售的产品和失效、变质的产品。

《农产品质量安全法》第三十七条规定，农产品批发市场应当设立或者委托农产品质量安全检测机构，对进场销售的农产品质量安全状况进行抽查检测；发现不符合农产品质量安全标准的，应当要求销售者立即停止销售，并向农业行政主管部门报告。农产品销售企业对其销售的农产品，应当建立健全进货检查验收制度；经查验不符合农产品质量安全标准的，不得销售。

六、地理标志制度

地理标志制度是对优质、特色农产品进行保护的一项重要制度。《商标法》在我国第一次从法律的层面上对地理标志做了规定，允许将地理标志作为证明商标或者集体商标注册，这对于促进优质、特色农产品的生产和经营具有积极意义。

第五节　农产品质量安全监督管理方面的法律法规

农产品质量安全监督管理主要涉及《农产品质量安全法》《产品质量法》《食品卫生法》《药品管理法》等现行法律。

一、监督抽查与结果公告制度

《农产品质量安全法》第三十四条规定，国家建立农产品质量安全监测制度。县级以上人民政府农业行政主管部门应当按照保障农产品质量安全的要求，制定并组织实施农产品质量安全监测计划，对生产中或者市场上销售的农产品进行监督抽查。监督抽查结果由国务院农业行政主管部门或者省、自治区、直辖市人民政府农业行政主管部门按照权限予以公布。监督抽查检测应当委托符合《农产品质量安全法》第三十五条规定条件的农产品质量安全检测机构进行，不得向被抽查人收取费用，抽取的样品不得超过国务院农业行政主管部门规定的数量。上级农业行政主管部门监督抽查的农产品，下级农业行政主管部门不得另行重复抽查。

《产品质量法》第十五条规定，国家对产品质量实行以抽查为主要方式的监督检查制度，对可能危及人体健康和人身、财产安全的产品，影响国计民生的重要工业产品以及消费者、有关组织反映有质量问题的产品进行抽查；抽查的样品应当在市场上或者企业成品仓库内的待销产品中随机抽取。监督抽查工作由县级以上产品质量监督部门组织实施。国家监督抽查的产品，地方不得另行重复抽查；上级监督抽查的产品，下级不得另行重复抽查。根据监督抽查的需要，可以对产品进行检验；检验抽取样品的数量不得超过检验的合理需要，不得向被检查人收取检验费用；法律对产品质量的监督检查另有规定的，依照有关法律的规定执行。

关于抽查结果的公布，《产品质量法》第二十四条规定，国务院和省级产品质量监督部门应当定期发布其监督抽查的产品的质量状况公告。

二、产品质量检验机构资质要求

《农产品质量安全法》第三十五条规定，农产品质量安全检测应当充分利用现有的符合条件的检测机构。从事农产品质量安全检测的机构，必须具备相应的检测条件和能力，由省级以上人民政府农业行政主管部门或者其授权的部门考核合格。具体办法由国务院农业行政主管部门制定。农产品质量安全检测机构应当依法经计量认证合格。《产品质量法》第十九条、第二十条规定，承担产品质量检验工作的检验机构必须具备相应的检测条件和能力，并经省级以上人民政府产品质量监督部门或者其授权的部门考核合格，方可承担相应工作；从事产品质量检验、认证的社会中介机构必须依法设立，不得与行政机关和其他国家机关存在隶属关系或者其他利益关系。同时，《产品质量法》针对某些特殊产品的质量检验机构做了除外规定，“法律、行政法规对产品质量检验机构另有规定的，依照有关法律、行政法规的规定执行。”

与之相应，《食品卫生法》第三十六条规定，国务院和省级卫生行政部门可以根据需要确定具备条件的单位作为食品卫生检验单位，进行食品卫生检验并出具检验报告，即承担食品和药品检验工作的机构可以由主管部门设置或者确定。

三、监督抽查复检制度

《农产品质量安全法》第三十六条规定，农产品生产者、销售者对监督抽查检测结果有异议的，可以自收到检测结果之日起5日内，向组织实施农产品质量安全监督抽查的农业行政主管部门或者其上级农业行政主管部门申请复检。采用国务院农业行政主管部门会同有关部门认定的快速检测方法进行农产品质量安全监督抽查检测，被抽查人对检测结果有异议的，可以自收到检测结果时起4小时内申请复检。复检不得采用快速检测方法。因检测结果错误给当事人造成损害的，依法承担赔偿责任。

《产品质量法》规定，生产者、销售者对抽查检验的结果有异议的，可以向实施监督抽查的产品质量监督部门或者其上级产品质量监督部门申请复检，由受理复检的产品质量监督部门做出复检结论。

四、跟踪检查制度

《农产品质量安全法》第三十九条规定，县级以上人民政府农业行政主管部门在农产品质量安全监督检查中，可以对生产、销售的农产品进行现场检查，调查了解产品质量安全的有关情况，查阅、复制与农产品质量安全有关的记录和其他资料；对经检测不符合农产品质量安全标准的农产品，有权查封、扣押。第四十一条规定，县级以上人民政府农业行政主管部门在农产品质量安全监督管理中，发现有《农产品质量安全法》第三十三条情形之一的农产品，应当按照农产品质量安全责任追究制度的要求，查明责任人，依法予以处理或者提出处理建议。《产品质量法》第二十一条规定，产品质量认证机构应当依照国家规定对准许使用认证标志的产品进行认证后的跟踪检查，对不符合认证标准而使用认证标志的，应当依法采取相应的监督管理措施。

五、质量安全事故报告和处理制度

《农产品质量安全法》第四十条规定，发生农产品质量安全事故时，有关单位和个人应当采取控制措施，及时向所在地乡级人民政府和县级人民政府农业行政主管部门报告；收到报告的机关应当及时处理并报上一级人民政府和有关部门。发生重大农产品质量安全事故时，农业行政主管部门应当及时通报同级食品药品监督管理部门。《食品卫生法》第三十八条规定，发生食物中毒的单位和接收病人进行治疗的单位，应当根据国家有关规定及时向所在地卫生行政部门报告。县级以上地方人民政府卫生行政部门接到报告后，应当及时进行调查处理，并采取控制措施。

第六节　国务院关于进一步加强农产品质量安全监管工作的通知

近年来，各地区、各有关部门按照党中央、国务院部署，认真落实有关法律法规，不断强化监管措施，农产品质量安全形势总体平稳、逐步向好。但我国农业生产经营分散，监管力量薄弱，农产品质量安全仍然存在较大隐患。为贯彻落实十二届全国人大一次会议审议通过的《国务院机构改革和职能转变方案》和《国务院关于地方改革完善食品药品监督管理体制的指导意见》(国发〔2013〕18 号)的精神如下。

一、强化属地管理责任

地方各级人民政府要对本地区农产品质量安全负总责，加强组织领导和工作协调，把农产品质量安全监管纳入重要议事日程，在规划制订、力量配备、条件保障等方面加大支持力度。要将农产品质量安全纳入县、乡级人民政府绩效考核范围，明确考核评价、督查督办等措施。要结合当地实际，统筹建立食品药品和农产品质量安全监管工作衔接机制，细化部门职责，明确农产品质量安全监管各环节工作分工，避免出现监管职责不清、重复监管和监管盲区。要督促农产品生产经营者落实主体责任，建立健全产地环境管理、生产过程管控、包装标识、准入准出等制度。对农产品质量安全监管中的失职渎职、徇私枉法等问题，监察机关要依法依纪进行查处，严肃追究相关人员责任。

二、落实监管任务

要加强对农产品生产经营的服务指导和监督检查，督促生产经营者认真执行安全间隔期(休药期)、生产档案记录等制度。加强检验检测和行政执法，推动农产品收购、储存、运输企业建立健全农产品进货查验、质量追溯和召回等制度。加强农业投入品使用指导，统筹推进审批、生产、经营管理，提高准入门槛，畅通经营主渠道。加强宣传和科普教育，普及农产品质量安全法律法规和科学知识，提高生产经营者和消费者的质量安全意识。各级农业部门要加强农产品种植养殖环节质量安全监管，切实担负起农产品从种植养殖环节到进入批发、零售市场或生产加工企业前的质量安全监管职责。

三、推进农业标准化生产

要坚持绿色生产理念，加快制订保障农产品质量安全的生产规范和标准，加大质量控制技术的推广力度，推进标准化生产。继续推进园艺作物标准园、畜禽养殖标准化示范场、水产标准化健康养殖示范场和农业标准化示范县建设，加强对农业产业化龙头企业、农民合作社、家庭农场等规模化生产经营主体的技术指导和服务，充分发挥其开展标准化生产的示范引领作用。鼓励有条件的地方对安全优质农产品生产、绿色防控技术推广等给予支持。强化对无公害农产品、绿色食品、有机农产品、地理标志农产品的认证后监管，坚决打击假冒行为。

四、加强畜禽屠宰环节监管

各地区要按照国务院机构改革和职能转变工作的要求，做好生猪定点屠宰监管职责调整工作，涉及的职能等要及时划转到位，确保各项工作有序衔接。各级畜牧兽医部门要认真落实畜禽屠宰环节质量安全监管职责，强化畜禽屠宰厂(场)的质量安全主体责任，督促其落实进厂(场)检查登记、检验等制度，严格巡查抽检，坚决杜绝屠宰病死动物、注水等行为。切实做好畜禽屠宰检疫工作，加强对畜禽防疫条件的动态监管，健全病死畜禽无害化处理的长效机制，严格执行畜牧兽医行政执法有关规定，严厉打击私屠滥宰等违法违规行为。

五、深入开展专项治理

要深入开展农产品质量安全专项整治行动，严厉查处非法添加、制假售假等案件，切实解决违法违规使用高毒农药、“瘦肉精”、禁用兽药等突出问题。强化农产品质量安全行政执法，加大案件查办和惩处力度，加强行政执法和刑事司法的衔接，严惩违法犯罪行为。及时曝光有关案件，营造打假维权的良好社会氛围。加强农产品质量安全风险监测、评估和监督抽查，深入排查风险隐患，提高风险防范、监测预警和应急处置能力。推进农产品质量安全监管示范县创建活动，建立健全监管制度和模式。

六、提高监管能力

要将农产品质量安全监管、检测、执法等工作经费纳入各级财政预算，切实加大投入力度，加强工作力量，尽快配齐必要的检验检测、执法取证、样品采集、质量追溯等设施设备。加快农产品质量安全检验检测体系建设，整合各方资源，积极引导社会资本参与，实现各环节检测的相互衔接与工作协同，防止重复建设和资源浪费。特别要加强县级农产品质量安全监管体系，将农产品质量安全监管执法纳入农业综合执法范围，确保监管工作落到实处。乡镇农产品质量安全监管公共服务机构以及承担相应职责的农业、畜牧、水产技术推广机构要落实责任，做好农民培训、质量安全技术推广、督导巡查、监管措施落实等工作。

第三章 农产品质量安全监管机构

第一节 农产品质量安全监管体系

一、认识农产品质量安全监管体系组成及建设现状

（一）农产品质量安全监管体系的概念及建设意义

农产品质量安全监控体系是为了对农产品量安全实施监控，由相关组织机构、管理职责、监控程序、过程和资源构成的有机整体。

建立和完善农产品质量安全监控体系，科学标准地使用化学投入品，减少对环境的污染，合理利用资源，使农业的产前、产中、产后全过程都纳入质量安全监控管理的轨道，才能促进农业生态循环经济发展，提高农产品的质量安全水平，增强其国际竞争力，促进农产品出口贸易发展。也是推进农业结构调整、提高农业效益、统筹城乡经济社会协调发展、加快建设现代农业的迫切需要，是突破新的国际技术壁垒的必然要求。

（二）建立农产品质量安全监控体系的总体思路

紧紧围绕净化产地环境、保证投入品质量、规范生产行为、强化监测预警、严格市场准入等关键环节，健全农产品安全法律法规体系、管理体制、标准体系、检测体系、认证体

系、技术创新支持体系、市场信息服务体系，政府、产业界、消费者、媒体、教育和科研机构等有关各方密切配合、相互协作，建立和完善“从农田到餐桌”的全程控制体系，确保农产品质量安全。

（三）农产品质量安全监控体系的建立基本原则

1. 实施国家农产品质量安全控制战略

国家农产品质量安全框架的有效运行，需要在国家总体战略的高度了解现行农产品质量安全存在的问题及其严重程度，有效掌握所需的适宜社会经济条件，以及合理的农产品质量安全控制体系的发展情况。

2. 对生产者和产品实施双重监督

建立以预防为主，统一、动态、主动和有效的农产品质量安全监控体系，政府进行有效的监督管理，增强生产者的法律责任意识和自律性，提高消费者的质量安全意识。

3. 对农产品生产全过程进行监督

目前，国际上公认的农产品质量安全最佳控制模式是“从农田到餐桌”的全过程控制，在实施“良好农业规范（GAP）”“良好兽医规范（GVP）”“良好生产规范（GMP）”“良好卫生规范（GHP）或标准卫生操作程序（SSOP）”的基础上，推行“危害分析和关键控制点（HACCP）”认证。政府管理者负责制定和实施法律法规，并通过控制和监督活动，监控农产品质量安全体系的实施效果。

4. 以风险分析为基础

以风险为基础的农产品质量安全控制方式能更好地保护消费者，并且对产业界和政府而言，不仅在成本上是可行的，从长期来看也是有效率的。

5. 重视发挥社会力量对农产品质量安全监管

农产品质量安全的实现，有赖于社会上每一个人的积极参与和努力。生产者、加工企业和流通业者严格履行法律责任，通过自己的声誉来积极维护农产品质量安全，是农产品质量安全监控体系有效运转的核心。各种形式的中介组织对于农产品市场的监督，以及相关信息和农产品质量安全技术的推广，也具有重要的作用。

（四）农产品质量安全监控体系的组成

根据农产品质量安全监控的基本原理和质量监控目标，从法制建设、组织体制、管理模式以及监控方式等方面入手，构建农产品质量安全监督管理框架，建立和实施以预防为主，科学、高效和动态的农产品质量安全监控体系(图 3－1)。

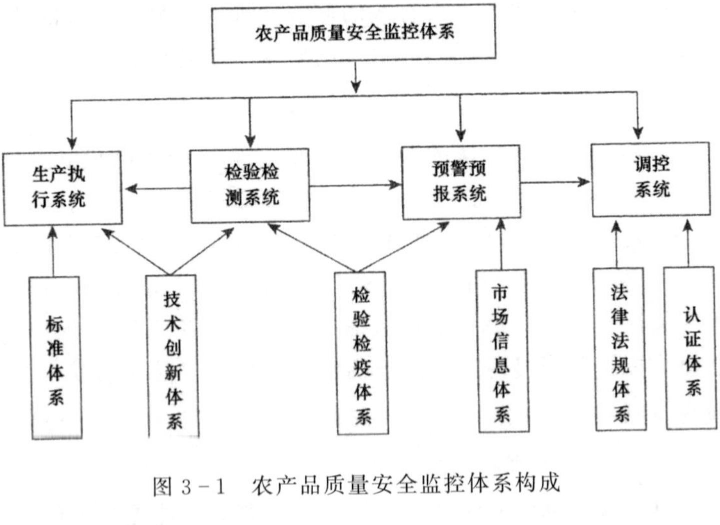

图 3－1　农产品质量安全监控体系构成

该体系以法律法规体系为保障，标准、技术体系为技术支撑，检验检疫体系为手段，认证认可体系为规范，市场安全信息体系为服务，结构完善，机制合理，相互协调，有机衔接，功能强大，运行有序高效。

（五）我国农产品质量安全管理体系的现状

1. 农产品质量监管体系初步建立

食品与药品监督管理局（食药监局）、农业部、卫生部、国家质检总局和商务部等部门和机构共同组成了我国的农产品质量安全监管体系，每个部门和机构都自己的职能范围和权限，在省市县都设有分支机构，各部门和机构之间互相配合、相互支持，共同向国务院汇报工作。目前全国已有 86％的地市、71％的县市、97％的乡镇建立了监管机构，落实专兼职监管人员 11.7 万人。

2. 检测检验体系正在加强

1985 年，国务院颁布了《产品质量监督试行办法》，农业部成立了专门的管理机构，加大了资金投入，筹建了一批检测机构，目前以部、省、县三级配套的标准检验体系已基本组建。经过多年的发展，我国农产品质量安全检测检验体系逐步完善，形成了一套内含农产品质量安全评价、市场信息搜集与分析、农产品技术服务和农业农产品人才培训的综合性检验检测体系，检测能力基本满足了我国农业发展及农产品质量安全检测的需要。

3. 质量认证工作取得一定进展

目前，我国的农产品认证种类较多，在产品认证方面主要有无公害农产品认证、无公害农产地认证、绿色食品认证、有机食品认证和 QS 质量安全认证等；在体系认证方面，主要有危害分析与关键点（HACCP）认证、投入品良好生产规范（GMP）认证和中国良好农业规范（China GAP）认证、卫生标准操作规范认证（SSOP）、ISO 9000 体系认证和 ISOMOOO 体系认证等。

监管方面，不断完善标准体系，加快推进标准实施示范和“三品一标”(指无公害农产品、绿色食品、有机农产品、农产品地理标志，下同)认证，截至2014年底“三品一标”总数已达到10.7万个。强化“三品一标”认证和监管，规范认证程序，严格证后监管，“三品一标”跟踪抽检合格率达到99%以上。

4. 法律法规不断完善

完善的法律法规是开展农产品质量安全管理的基础和保障，针对农产品质量安全管理的方方面面，我国政府陆续颁布了各种相关法律法规，可以说我国农产品质量安全的立法过程是由无到有的，经历了从综合到专门的立法过程。

二、了解近阶段我国农产品质量安全监管体系建设目标

(一)严格落实食用农产品属地监管职责

省级农业、食品药品监管部门联合推动市县两级政府抓紧落实食用农产品质量安全属地管理责任，将食用农产品质量安全监管纳入县、乡政府绩效考核范围，建立相应的考核规范和评价机制。每年组织开展一次农产品质量安全监管工作联合督查，切实推动监管责任落实。

(二)建立健全农产品质量安全全程监管制度机制

进一步完善农产品质量安全监管制度机制出发，按照农产品生产经营链条，从产地环境管理、农业投入品监管、生产过程管控、包装标识、准入准出等方面做出明确规定。强化关键点的监管，对产地环境加强监测和普查，实施污染治理，在重污染区要逐步调整种植结构。对农业投入品严格管控，认真执行安全间隔期(休药期)、生产档案记录等制度。在农产品收购、储存、运输环节，推进产地准出和市场准入管理，建立健全进货查验、质量追溯和召回等制度，把农产品产销各个环节

中的生产档案、包装标识、产地准出、索证索票等信息全部串联衔接起来，实现农产品从生产到市场的全链条质量跟踪。推动诚信体系建设，鼓励农产品生产企业和农业产业化龙头企业建立安全信用档案，积极推进农产品包装标识制度。

（三）继续推进农业标准化

强化园艺作物标准园、畜禽养殖标准化示范场、水产标准化健康养殖示范场和农业标准化示范县建设，加强对农业产业化龙头企业、农民合作社、家庭农场等规模化生产经营主体的技术指导和服务，充分发挥其开展标准化生产的示范引领作用。积极发展优质安全农产品品牌，对安全优质农产品生产、绿色防控技术推广等给予支持。积极发展无公害农产品、绿色食品、有机农产品、地理标志农产品，为消费者提供更多更好的优质农产品。这些“治本之策”的实施，对促进我国现代农业发展，维护生态和谐，保障人民群众身体健康，必将起到重要的推动作用。

（四）加快建立食用农产品质量追溯体系

农业部门按照职责分工，加快建立食用农产品质量安全追溯体系。率先在“菜篮子”产品主产区推动农业产业化龙头企业、农民专业合作社、家庭农场开展质量追溯试点，优先将生猪和“三品一标”食用农产品纳入追溯试点范围，推动食用农产品从生产到进入批发、零售市场或生产加工企业前的环节可追溯。食品药品监管部门在有序推进食品安全追溯体系建设的同时，积极配合农业部门推进食用农产品质量安全追溯体系的建设，并通过监督食用农产品经营者建立并严格落实进货查验和查验记录制度，做好与农业部门建设的食用农产品质量安全追溯体系的有机衔接，逐步实现食用农产品生产、收购、销售、消费全链条可追溯。

（五）深入推进突出问题专项整治

农业、食品药品监管部门针对食用农产品在生产、收购、销售和消费过程中存在的突出问题，有计划、有步骤、有重点地联合开展专项治理整顿。始终保持高压态势，严厉惩处各类违法违规行为。

（六）加强监管能力建设和监管执法合作

加快建立健全基层食用农产品质量安全监管和食品安全监管队伍，着力提高基层食用农产品质量安全和食品安全监管能力。农业、食品药品监管部门建立食用农产品质量安全监管信息共享制度，定期和不定期互换食用农产品质量安全监管中的相关信息。建立风险评估结果共享制度，加强食用农产品质量安全风险交流合作。建立违法案件信息相互通报制度，密切行政执法的协调与协作。加强应急管理方面的合作，开展食用农产品质量安全（食品安全）突发事件应急处置合作和经验交流。共同建立、完善食用农产品质量安全监管统计制度，强化统计数据共享。

（七）强化检验检测资源共享

农业部门和食品药品监管部门根据农产品质量安全监管工作需要，可共享农业系统和食品药品监管系统建立的农产品质量安全检测机构和食品安全检验机构。

（八）加强舆情监测和应急处置

农业、食品药品监管部门加强食用农产品质量安全突发事件、重大舆情跟踪监测，建立重大舆情会商分析和信息通报机制，及时联合研究处置突发事件和相关舆情热点问题。两部门根据科普宣传工作的需要，加强农产品质量安全科技知识培训和法制宣传。全面普及食品科学知识，指导公众放心消费。

（九）建立高效的合作会商机制

农业部、食品药品监管总局建立部际合作会商机制，成立分别由两部门主管食用农产品质量安全监管工作的部级领导任组长的领导小组，积极推动和明确食用农产品质量安全监管工作的协调与合作事宜。

第二节　农产品质量安全监控体系

农产品质量安全监控体系由农业系统内管理部门、科研和教学质检机构组成，其他相关系统的质检机构作为补充，建设部、省、市、县四级质检机构，建设乡级监管机构。各级农产品质量安全检验检测机构均为技术性、事业性、公益性和非营利性机构，经费全部列入国家预算。

目前，部级质检机构均通过授权认可和国家计量认证，出具的检验数据可作为法定仲裁依据。省级及省级以下设置的质检机构，也均须通过授权认可和省级计量认证后，方具有向社会出具检验数据的资格。

我国农产品质量安全监测体系从无到有，为农产品质量安全水平的稳步提升作出了积极的贡献，短短几年时间，已使我国的农产品质量安全状况达到世界中上水平。

一、国家级监控体系

农业部农产品质量安全监控体系由部级农产品质量标准与检测技术研究中心、部级专业性农产品质量安全监督检验中心、部级优势农产品区域性质量安全监督检验中心等机构组成。

（一）部级研究中心

部级研究中心主要进行农产品质量安全与标准的政策、法律法规、发展战略和规划等研究；农产品质量安全风险分析理论和关键技术研究；农产品质量安全检测及评价技术与设备的研发；农产品贸易技术壁垒预警体系建设和快速反应机制研究；农产品质量安全和管理的综合性和基础性标准的制（修）订，以及相关专业性标准制（修）订工作的组织协调和技术支持；全国农产品质量安全例行监控、普查等工作的组织协调和技术支持；开展农产品质量标准和检测技术的国际合作与交流；参与农业国际标准化组织的活动，参加和承担有关农产品国际标准的制（修）订工作；组织和协调全国农产品质量安全与标准研究专家队伍，开展有关农产品质量安全和农业标准化方面的国内外学术交流。

（二）部级专业性质检中心

部级专业性质检中心立足本专业，突出和发挥专业优势，在相应领域内重点开展以下工作：全国农产品质量安全普查、例行监测等任务；开展国内外农产品质量安全风险分析与评估工作；专业性农产品检验检测技术的研发和标准的制（修）订；国内外农产品质量安全对比分析研究和国内外合作与交流；质量安全重大事故、纠纷的调查、鉴定和评价；质量安全认证检验、仲裁检验和其他委托检验任务；负责有关专业农产品质量安全方面的技术咨询和技术服务，为区域性质检中心、省级综合性质检中心等提供专业技术服务和人才培训。

（三）部级区域性质检中心

部级区域性质检中心立足本区域，突出对优势农产品从生产基地、投入品到农产品生产全过程的质量安全检验检测和指导服务，承担相应区域范围内优势农产品市场准入、委托检验和仲裁检验等检验检测工作，负责对区域内优势农产品产地环境进行例行监测、现状评价与污染预警工作，实现就近取材、随时检测、同类型优势农产品大批量检测和特有质量安全参数的深度检测。

二、地方各级监控体系

（一）省级综合质检中心

省级综合质检中心突出省域内职责，主要承担省域内主要农产品质量安全监督抽查检验、市场准入性检验检测、产地认定检验和评价鉴定检验，负责对县级检测站进行技术指导和技术培训，接受其他委托检验和负责省域内农产品质量安全方面的技术咨询、技术服务等工作。

（二）市、县级质检站

农产品检测机构的主要任务就是为农业生产服务、为农产品质量安全监管服务。市、县两级要按照综合建站的要求，整合农产品、农业投入品、农产品产地环境等检测资源，加强检测机构建设。省级检测机构以风险监测为主，市、县两级检测机构以监督抽查为主，乡镇以速测筛查为主。

第三节　农产品质量监察体系的建立和实施

一、电子式追溯管理

电子式追溯管理是以电子化信息为手段、检测合格为控制点、追溯码贯穿始终的农产品质量安全追溯管理体系，实现农产品质量电子信息的正向监控与逆向追溯，这也是具有杭州特色的追溯管理体系的重要组成部分。这种方法适用于散装的农产品，如蔬菜、水果、水产品、畜产品和茶叶等，可采用二维码(一维码)信息进行追溯，也可采用芯片信息进行追溯。

采用二维码(一维码)信息进行追溯，各地有不同的软件设计和应用，消费者可以利用自己的手机或 ATM 机或计算机查询。可分为3种类型：采用计算机跟踪追溯，采用耳标信息追溯和采用防伪标志进行追溯。

二、书写式追溯管理

利用纸质材料，用手工书写的方式传递产品信息，实现可追溯。这种方法是在没有电脑或电子信息系统的情况下使用，其优点是简便，缺点是纸质材料易破损甚至字迹不清。

首先，实行产地证明制度。产品出场有产地证明，写明业主、产地、产品合格性、出品时间、销售去向等可追溯信息。一般情况下，产地准出证明由生产者出具。

在此基础上，实行“一票通”管理。产品进入市场后，经营者按产地证明信息书写“三联单”，产品在流通过程中，“三联单”跟随，直到消费者实现追溯管理的基础是生产领域控制好农产品质量安全信息。

三、包装式追溯管理

包装式追溯是指具有追溯功能的包装，即对每一个产品的外包装进行标记，且每一个产品标识都是唯一的，使标记和被追溯对象有一一对应关系，使用包装式追溯具有以下优点。

(1)可追溯性包装能够识别直接供方的进料和终产品的分销途径。

(2)可追溯性包装具有唯一标识，其产品的个体和批次标识都就有唯一性。

(3)通过可追溯性包装上的标识，可以了解到产品或者厂家相关信息，如地址、联系电话等。

(4)企业可以通过可追溯性包装来加强对分销商的控制，有利于防伪防窜货。

第四节　农产品质量安全的追溯管理要求

一、生产环节的控制要求

（一）投入品记录

农产品生产过程的苗种、饲料、肥料、药物等投入品，在进货时，应收集进货票据，并进行登记。

（二）生产者建档

农产品生产者按“一场一档”的要求建立生产者档案。农业生产的管理部门应建立农产品生产基地和企业的档案，进行信息登记，并向登记的生产者发放“农产品产地标志卡”，内容应包括唯一性编号、基地名称或代号等信息。

（三）生产过程记录

种植过程记录内容包括种植的产品名称、数量、生产起始的时间、使用农药化肥的记录、产品检测记录。养殖过程记录包括养殖种类和品种、饲料和饲料添加剂、兽（鱼）药、防疫、病死情况、出场（栏）日期、各类检测等记录。

（四）销售记录

农产品从生产到流通领域时，农产品生产者做好销售记录。内容包括销售产品的名称、数量、日期、销售去向、相关质量状况等。

二、从生产到流通的对接要求

生产领域的农产品进入流通领域时，应向流通领域提供相关农产品产地标识卡、产地证明或质量合格证明等；交易时应向采购方提供交易信息票据，内容应包括品名、数量、交易日期、供应者登记号等信息。

三、农产品质量安全追溯管理各相关方职责

农产品生产企业是生产领域质量安全追溯管理第一责任人，进行生产质量安全的控制、农产品溯源台账的建立和管理等工作；农产品生产的管理部门负责组织生产领域农产品质量安全相关的培训、宣传；建立生产基地台账，发放相关产品产地标志。

四、实行严格的产品质量控制制度

一是农产品出场时，生产者应进行农药残留或感官的自检；农业管理部门按监督检测制度实施农产品的抽查、检测，并公布检测结果。

二是生产者发现产品不合格时，应及时采取措施，不得将不合格品进入流通销售。当销售到流通环节的农产品被确认有安全问题时，生产者应做好追溯、召回工作。

三是农业生产的管理部门应督促进行质量安全的追溯，当不合格农产品已进入流通领域，要求生产企业召回不合格产品，按溯源流程进行不合格产品的追溯。

第四章　农产品质量安全检验检测

第一节　农产品质量安全检测机构基本概念

农产品是民族生存的基础，国家繁荣的保障。农产品质量安全不仅关系人民群众身体健康和生命安全，而且也关系经济发展和社会稳定，关系政府和国家形象。农产品质量安全检测机构是指经考核和计量认证合格，对外开展农产品、农业投入品和产地环境检测工作的法定技术执法机构。具体讲，农产品质量安全检测机构按照国家法律、法规以及相关标准和技术规范要求，以先进的仪器设备为手段，以可靠的实验环境为保障，对农产品生产全过程、涉及质量安全的农业投入品和产地环境开展科学公正的监测、检验、鉴定、评价的技术工作，在农业标准化实施、农产品质量安全评价、农产品产地准出和市场准入、农业监督执法等方面发挥着重要技术支撑作用，是农产品质量安全监管的重要组成部分。

自 20 世纪 80 年代中期，农业部分五批规划建设了 323 个国家级和部级质检中心，截至 2013 年 10 月，已有 12 个国家级质检中心和 265 个部级质检中心通过了国家计量认证、农产品质量安全检测机构考核和农业部授权认可。在农业部质检规划指导和项目带动下，各地农业部门不断加强农产品质检机构建设与管理。目前，质检体系规划已投资建设了部(国家)、省、地(市)、县四级农业质检机构 2 273 个，一个以部(国家)

级中心为龙头、省级中心为骨干、地市级质检中心为支撑、县级质检站为基础、乡镇(生产基地、批发市场)监测点为延伸的纵向贯通，从产地环境、投入品到产出品的横向衔接，精准检测、常规检测与快速检测相结合的农产品质量安全检验检测体系已基本形成。

一、农产品质量安全检测机构

(一)检测

检测是指按照规定的程序，由测定确定给定产品的一种或多种特性，处理或服务组成的技术操作(GB/T 15483.1—1999；ISO/IEC 导则 2：1996)。

检测是指按照规定程序，由确定给定产品的一种或多种特性，进行处理或提供服务所组成的技术操作(GB/T 15481—2000)。

检测是指根据特定的程序，测定产品过程或服务的一种或多种特性的技术操作(GB/T 3953.1—1996)。

从定义可以看出，“检测”仅是一种技术操作，它只需要按规定程序的操作提供所测结果。不需要给出测定数据合格与否的判定。对给定的产品、材料、设备、生物体、物理现象、工艺过程或服务，按规定程序确定一种或多种特性或性能的技术操作。

(二)机构

这里说的机构即指与检测有关的实验室的统称，是指从事质量监督检验检测等工作的实验室或其他相关机构。

《农产品质量安全法》第三十五条规定：从事农产品质量安全检测的机构，必须具备相应的检测条件和能力，由省级以上人民政府农业行政主管部门或者其授权的部门考核合格。因此，农产品质量安全检测机构是指依据国家相关法律法规和标准规范建设的，通过资质认定(计量认证)和农产品质量安全检测机构考核，依法独立开展检测工作，并向社会出具公证数据的技术执法单位。

二、农产品质量安全检测机构的类别

按照不同的分类原则与标准，农产品质量安全检测机构有以下几种分类方法。

(一)按照管理权限划分

按照挂靠单位主管部门的管理权限和级别划分，农产品质量安全检测机构可分为部(国家)级质检机构、省级质检机构、地市级质检机构和县级质检机构。其中部(国家)级质检中心为农业部授权成立，省、地市和县级质检机构由省、地市和县级农业行政主管部门授权成立。

1. 部(国家)级质检机构

立足本专业，突出和发挥专业优势，在相应领域内重点开展以下工作：全国农产品质量安全普查、例行监测等任务；开展国内外农产品质量安全风险分析与评估工作；农产品检验检测技术的研发和标准的制修订；国内外农产品质量安全对比分析研究和国内外合作与交流；质量安全重大事故、纠纷的调查、鉴定和评价；质量安全认证检验、仲裁检验和其他委托检验任务；负责相关专业农产品质量安全方面的技术咨询和技术服务，为区域性质检中心、省级综合性质检中心等提供专业技术服务和人才培训。

2. 省级质检机构

突出省域内职责，主要承担省域内主要农产品质量安全监督抽查检验、市场准入性检验检测、产地认定检验和评价鉴定检验，负责对地市级、县级检测站进行技术指导和技术培训，接受其他委托检验和负责省域内农产品质量安全方面的技术咨询、技术服务等工作。

3. 地市级质检机构

主要侧重于所辖区域内涉及农产品消费安全的市场抽检、监督抽查执法检测、复检和县级以下检测机构的技术指导；承担上级主管部门下达的农产品质量安全监测、监督抽查任务；承担辖区内农业生产组织、农产品流通组织的检测技术支持；承担本市农产品质量安全突发事件中应急检测任务。

4. 县级质检机构

突出农产品质量安全执法检验、日常性检验、农产品质量安全标准的宣传和对千家万户农产品生产的指导职能，负责指导乡镇农产品质量安全监督机构、农产品生产基地、产地批发市场等的检验检测和技术培训工作，承担对广大农民和农产品生产者质量安全方面的标准宣贯、技术培训、技术咨询和技术服务工作。

（二）按照检测专业领域类别划分

按照检测专业领域，农产品质量安全检测机构可分为农业产出品类质检机构、农业投入品类质检机构和农业环境类质检机构。

1. 产出品类

主要是从事种植业、畜牧业、渔业产品及制品的质检机构，包括食用和非食用农产品两方面。食用农产品主要是对产品中农药残留、兽药残留、渔药残留、重金属、有毒无机化合物类（如砷、铅、氟化物等）、致病菌（如大肠菌群、沙门氏菌等）、病虫害、有机化合物类、激素类、食品添加剂、转基因及生物活性物、生物毒素以及感官、品质（如糖类、蛋白质、脂肪、氨基酸、维生素、有益微量元素等）等进行检测；非食用农产品(如棉花、羊毛、蚕桑等)主要是检测产品品质、质量等级等指标。

2. 农业投入品类

主要是从事种植业、畜牧业、渔业生产中农药、兽药、渔药、肥料、种子、苗木、饲料、农机等农业投入品检测的质检机构。重点对投入品主成分的含量(含活性成分、质量)、辅助理化指标(如稳定性、酸碱度等)、添加剂成分、有害物质(如重金属类及有毒无机化合物、致病菌等)进行检测,以及对农牧渔生产机具和农产品、加工、沼气能源等机械、设施,进行性能、适应性、耐久性、完整性、安全性等测定。

3. 农业环境类

主要是从事种植业、畜牧业、渔业产地环境与资源检测的质检机构。重点检测土壤、水、大气中污染物质及相关资源指标等。如土壤中重金属类、农药残留、工业污染物、有益矿物元素、有机质及养分指标等,灌溉水、饮用水、农产品加工用水中悬浮物、总氮、总磷、全盐量、重金属元素及其他矿化元素、有毒无机化合物、生物耗氧量、化学需氧量、农药残留、工业有机污染物、微生物以及温度等,大气中铅、氟化物、硫化物、氮氧化物、总悬浮颗粒物等。

(三)按照质检机构所有制属性划分

按照所有制属性,可将农产品质量安全检测机构分为政府质检机构和民营质检机构。

1. 政府质检机构

(1)农业系统质检机构。目前,我国农产品质量安全检测机构大多依托于行政、科研、教学和推广等单位,根据检测工作的特点,其运行管理具有特殊性。质检机构一般挂靠在具有行政管理职能的检验站(所、中心)、农业科研性质的农业科研院所和农业高等院校。

(2)农业系统外质检机构。多年来为满足本行业部门工作需要，各部门分别建立农业质检机构，如质量技术监督、出入境检验检疫和卫生防疫等部门均建有与农产品质检相关的质检机构。

2. 民营质检机构

民营质检机构指对应于政府质检机构，资本主要来源于民间资本的国内外检测公司。如 SGS 检测集团、天祥集团(ITS)、必维国际检测集团(BV)、华测检测技术股份有限公司(CTI)等，凭借其强大的资本和技术优势，近些年已从工业产品领域拓展到农产品质量安全检测领域，给政府质检机构带来一定的冲击。

第二节　农产品质量安全检测机构发挥的作用

农产品质量安全检测机构承担了授权范围内的农产品质量安全的委托检验、监督检验、仲裁检验等类型检验工作。建立农产品质量安全检验检测机构，开展农产品生产环节和市场流通等环节质量安全监测工作，是实施农产品质量安全监管的重要手段，也是世界各国尤其是发达国家的普遍做法。在整合资源的基础上，健全农产品质量安全检测体系，对于政府依法开展农产品质量安全监管，确保农产品质量安全，保证人民群众的身体健康和生命安全，具有十分重要的意义。

一、农产品质量安全检测机构建设重要性和必要性

农产品质量安全检验检测体系，是按照国家法律法规规定，依据国家标准、行业标准要求，以先进的仪器设备为手段，以可靠的实验环境为保障，对农产品生产(包括农业生态

环境、农业投入品)和农产品质量安全实施科学、公正的监测、鉴定、评价的技术保障体系。农产品质量安全检验检测体系是农产品质量安全体系的主要技术支撑，是政府实施农产品质量安全管理的重要手段，承担着为政府提供技术决策、技术服务和技术咨询的重要职能，在提高农产品质量安全水平方面发挥着关键和核心作用。加强农产品质量安全检验检测体系建设，对于确保农产品消费安全、促进农业结构战略性调整、提高农产品市场竞争力和调节农产品进出口贸易等方面具有十分重要的意义。

(一)保障农业产业安全和促进农民增收

改革开放以来，农业产业发展对增加农产品有效供给、减缓对资源和环境压力、促进农业持续稳定发展发挥了重要作用。但农产品贸易的快速发展和外资对特定产业的过度进入也给我国农业带了越来越严峻的挑战。因此，确保农业产业安全的根本是将农业产业做大做强，围绕高产、优质、高效、生态、安全五个要素，从整体上推进传统农业向现代农业的转变。农产品质量安全作为转变农业发展方式、加快现代农业建设的关键环节，通过严格的投入品监管、严格源头管控和生产记录、严格监测抽查制度等措施，确保农产品质量安全和农产品有效供给，提高农业竞争力，保障农业产业安全和促进农民增收。

(二)保障农产品消费安全和构建和谐社会

随着我国短缺经济的结束，农产品质量安全日益受到重视。近年来，肥料、农药、兽药、饲料、饲料添加剂、动植物激素等的广泛推广和应用，在促进农产品产量大幅度增长的同时，也带来了农产品质量安全的隐患。加之工业“三废”(废水、废气、废渣)和城市生活垃圾对农业环境的污染，农药残留、兽药残留和其他有毒有害物质超标导致的农产品污染和中毒事件时有发生，严重威胁消费者的身体健康和生命安全，已成为社会广泛关注的焦点和热点问题。建立健全农产品质量安全检验检测体系，防止突发性或群发性食品安全事故的发生，与建立健全公共卫生体系具有同等重要的意义。

（三）增强我国农产品国际竞争力

随着经济全球化进程的加快和我国加入 WTO（世界贸易组织），我国农产品将在国内和国际两个市场与国外同类产品进行竞争。为了保护国内农业产业的发展和本国农产品的市场占有率，世界许多国家纷纷利用 WTO 有关协议，特别是技术性贸易壁垒协定（TBT）和卫生与植物卫生措施协定（SPS），抵制国外产品，保护国内产业。我国生产的蔬菜、水果、水产品、肉类等劳动密集型产品，在价格上有一定的比较优势，是传统的出口创汇产品。但近年来发达国家以质量安全为由纷纷设置技术性壁垒，导致我国农产品出口屡屡受阻。2002 年以来，欧盟对我国动物源性产品、日本对我国蔬菜产品及英国对我国蜂蜜产品输出限制，加之国外农产品进口量增加，严重影响了我国农民和农业企业的利益。农产品出口时，部分检测项目在国内不需检测或不能检测，到达贸易国口岸查出了问题，不但使出口企业蒙受损失，也使贸易国质疑我国农产品质量安全整体水平；与此同时，农产品进口时，许多有毒有害物质检测不出，对别国不能有效实施技术壁垒。因此，加强农产品质量安全检验检测体系建设，已成为维护我国农民和农业企业权益，扩大农产品出口和抵御国外农产品对国内产业冲击的当务之急。

二、农产品质量安全检测机构发挥的作用

农产品质量安全检测机构是依照国家法律法规和有关标准，对农产品、农业投入品和产地环境安全实施检验检测的重

要技术体系，在农产品质量安全评价、农业行政执法、农村市场监管和农产品贸易等方面提供着重要技术支撑，在农业结构调整、农产品质量升级、农产品消费安全和农产品市场竞争力提升等方面发挥着重要作用。

（一）成为政府部门农产品质量安全监管的重要技术支撑

农业质检机构充分发挥自身优势，为农产品质量安全监管部门提供各类技术和决策依据。通过承担农业部和各地组织的农产品质量安全例行监测、农产品和投入品质量安全普查及监督抽查工作，为政府部门及时掌握农产品质量安全状况和预警分析决策提供依据。通过承担农产品质量安全整治任务，为政府行政执法提供权威可靠的检验数据，有力地打击了违法使用违禁药物和制售伪劣农资等违法行为，维护了消费者合法权益。在苏丹红、多宝鱼、三鹿奶粉和海南豇豆等农产品质量安全事件中，农业质检机构积极协助政府部门开展调查采样、及时检测和事件查处，在应急事件处理过程中发挥了重要作用，有效地控制了事态发展，维护了社会稳定。

（二）在提高农业标准质量和检测水平中扮演重要角色

充分发挥人才和技术优势，积极参与农业标准的制定、验证、推广和实施工作。自 1999 年以来，部级质检机构共制定国家标准 177 项、行业标准 1 159项，分别占目前已发布农业国家、行业标准总数的 13.6%和 34%，参与了 990 多个国家或行业标准的编制工作，已经成为农业标准制（修）订的主力军，促进了我国农业标准化水平的提升。根据自身积累的技术优势，积极开展有关国外农产品技术标准分析研究，了解技术法规和标准的最新发展动态，积极应对国外技术贸易措施，进一步健全和完善我国技术性贸易措施体系，增强贸易壁垒的技术应对能力。积极开展对外交流与合作，积极开展国内外检测结果能力比对，增加在制订国际标准和规范中的发言权。

（三）科学指导生产和促进农业产业发展

通过承担无公害农产品认证、绿色食品和有机食品认证监测工作，在促进提高农产品质量、树立品牌形象、实现优质优价等方面发挥了重要作用，促使农业产业竞争力得到增强。通过对农业投入品和产地环境质量分析，帮助生产者寻找影响农产品质量安全的隐患，科学指导农产品安全生产。积极指导和帮助生产企业建立 GMP（良好操作规范）、GAP（良好农业操作规范）、HACCP（危害分析与关键控制点）质量安全管理与控制体系，指导企业建立符合市场准入认证条件的质量管理体系。

第三节　农产品质量安全检测机构现状

一、农产品质量安全检测机构发展现状

（一）总体情况

农业质检体系建设的历史可追溯到 20 世纪 80 年代，各级农业部门积极筹措资金，加强质检机构建设。随着《农产品质量安全法》和《食品安全法》颁布实施，农产品质量安全工作进入依法监管新阶段。2006 年，农业部启动实施了《全国农产品质量安全检验检测体系建设规划（2006－2010 年）》，投资 59 亿元，规划建设 1 000 余个部级、省级和县级农产品质检机构，显著提升了农业系统的综合检测能力。2011 年，农业部启动实施《全国农产品质量安全检验检测体系建设规划（2011－2015 年）》，投资 72 亿元，重点建设地（市）级农产品综合性质检中心，补充完善县级农产品综合质检站，强化部级专业性和省级综合性检测中心的风险监测与信息预警能力建设。截至目前，农业系统已建设部级、省级、地（市）级和县级农业质检机

构 2 273 个。

(二)基础设施情况

截至目前，各级农产品质量安全检测机构共拥有仪器设备总资产 86.6 亿元，比 2004 年增加了 60.9 亿元，增幅 237%。拥有实验室总面积 146.6 万 m^2，比 2004 年增加了 52.2 万 m^2，增幅 55.3%。

(三)检测队伍情况

截至目前，各级农产品质量安全检测机构共拥有实验室人员 27 179 名，比 2004 年增加 7 355 人，增幅 38.3%，其中具有硕士、博士学历的 2 972 名，占人员总数的 12.9%，高级职称 5 382 名，占人员总数的 23.4%。

(四)检测能力情况

截至目前，质检机构特别是部、省两级质检机构检测能力得到很大提高，各中心精密检测仪器平均增加 40 台(套)以上，检测产品或参数平均增加 1 倍以上，检测灵敏度从 0.1 mg/kg 提高到 0.005 mg/kg，提高了 20 倍，年样品处理量平均增加 3 000个以上。

二、农产品质量安全检测机构建设成效

农产品质量安全检验检测体系建设一期规划实施近五年来，我国农产品质量安全检验检测体系建设取得显著成效，主要表现在以下几个方面：

(一)农产品质量安全检验检测体系初步形成

自 20 世纪 80 年代中期，农业部分 5 批规划建设了 323 个国家级和部级质检中心，已有 12 个国家级质检中心和 265 个部级质检中心通过了国家计量认证和农业部授权认可。在农业部的规划指导和项目带动下，各地农业部门也不断加强农产品

质检机构建设与管理。目前，质检体系规划已投资建设了国家(部)、省、地(市)、县四级农业质检机构 2 273 家，一个以部级中心为龙头、省级中心为骨干、地市级质检中心为支撑、县级质检站为基础、乡镇(生产基地、批发市场)监测点为延伸的纵向贯通，从产地环境、投入品到产出品的横向衔接，设备精准检测、常规检测与快速检测相结合的农产品质量安全检验检测体系已基本形成。

(二)农产品质量安全检验检测条件显著改善

目前，各级质检机构检测水平和检测范围均有较大幅度提升，实现了“检得了、检得快、检得准”的建设目标。部、省两级质检机构检测能力由弱渐强，仪器设备和实验条件已达到本领域内国内领先或先进水平。县级质检站检测能力从无到有，近一半的县建立了专门机构，配备了专业人员，配置了仪器设备。截至 2013 年，农业系统拥有质检人员约 2.72 万人，其中硕士、博士近 3 000 人，数量和质量均较五年前明显提高。先后出台了农产品质量安全检测机构《考核办法》《考核评审员管理办法》《考核评审细则》和《农业部产品质量监督检验测试机构管理办法》等规章制度，连续开展地(市)县质检机构负责人培训、全国农产品质量安全基层检测技术人员大比武活动，促进了各级质检机构尤其是基层质检机构的技术水平和能力大幅提升。

(三)农产品质量安全检验检测能力迅速提升

随着大量先进设备的装配调试到位，各质检中心(站)对农产品质量的定性定量检测能力显著提升，检测速度迅速提升，检测灵敏度大幅提高，检测结果的误判率显著降低，部分能力已达到甚至超过国外同类产品安全检测的检测限要求，尤其是一些省的县级质检站检测能力从无到有，检测方式从定性分析开始向定量分析转变，检测范围由原来单一的蔬菜产品扩展到水果、粮食、油料、畜禽、水产等各类农产品。一期规划项目实施以来，部级质检中心、省级质检中心和县级质检站的授权检测产品数分别达到268个、576个和397个，比建设前分别增长28.8%、34.9%和30.2%，基本覆盖全部农产品。授权参数分别达到223项、688项和100项，分别增长102.7%、25.1%和117.4%，部级质检中心部分检测参数已与国际接轨，对多菌灵和克百威等农药残留的检测限已达到μg/kg级(10^{-9})，对盐酸克伦特罗(俗称“瘦肉精”)、氯霉素和硝基呋喃等兽药残留的检测限已达到ng/kg级(10^{-12})。

(四)农产品质量安全监管能力明显增强

自2001年起，农业部组织实施农产品质量安全例行监测，2013年已覆盖全国150个大中城市、102个品种、87种参数，基本涵盖主要城市、主要产区、大宗农产品和主要参数，获取有效数据128万个。各行业相继实施了农产品质量安全普查、农药及农药残留监控、兽药及兽药残留监控、饲料和饲料添加剂药物残留及有害物质污染监控、水产品中药物残留监控，监测工作不断拓展和深入。农业部自2007年起开展国家专项监督抽查，强化了农产品质量安全执法力度，建立了通报预警和检打联动制度。自2011年起对农产品质量安全风险隐患及“潜规则”问题进行系统排查，开展专项风险评估工作，引导地方农业部门开展以本地区主要农产品和重要农业投入品为重点的风险排查、监测和评估工作。同时，农业部颁布了《农产品质量安全监测管理办法》和《农产品质量安全信息发布管理办法》，基本建立了以农产品质量安全例行监测、普查、专项监测和监督抽查为主体的监测制度，形成了部、省、地、县四级监测网络，实现了监测资源统筹、信息共享和上下联动。

(五)农产品质量安全水平稳中有升

农业系统质检机构开展的工作促进了农产品质量安全生产

技术推广，提高了广大农民生产安全、放心农产品的意识和自觉性，规范了化肥、农药和兽药的使用频率和数量，减少了化肥及农药、兽药、瘦肉精等有毒有害物质在农业生产中的使用，改善了农业生产环境，促进了名优品牌产品生产，优化了农业产业结构，提升了农产品国际竞争能力，促进了农业的可持续发展。近几年的监测检测表明，全国农产品质量安全水平总体形势平稳向好，各类农产品检测合格率基本都在 90％以上，农产品受农药残留、兽药残留、重金属污染等重大农产品安全问题总体上属于可控范围内，农业生产面源污染和环境恶化的趋势有所缓解，农产品质量安全总体上向着可预测、可预防、可控制方向发展。

三、农产品质量安全检测机构发展趋势

“十二五”期间，我国农业质检体系建设已经进入一个新的发展阶段，农业质检机构建设已具备一定的基础，质检机构建设与管理工作现已成为提高我国质检体系建设水平一项长期而重要的工作。今后我国农产品质量安全检测机构应朝着以下几个方面发展。

（一）各级质检机构功能定位更加明晰

我国把农产品质量安全检验检测作为做好农产品质量安全监管工作的重要抓手，大力推进农产品质检体系建设。近十多年来，特别是“十一五”以来，通过农产品质量安全检验检测体系建设，我国农业系统检测机构数量迅速增加，各地农产品质量安全监测能力不断增强。随着市、县两级质检机构的陆续投资建设，我国部、省、地、县四级检测机构的业务分工和工作范围更加明晰。就例行监测而言，以部级为主，省级为基础，调整监测工作重点。部里的监测以保障大中城市消费安全为目标，稳定目前的参数和品种，确保大中城市 70％的大宗食用

农产品纳入监测范围。省级监测以“菜篮子”产品主要生产基地为重点，确保所有“菜篮子”主产县和主要生产基地全部纳入省级监测范围。就监督抽查而言，以地、县两级为主，省里做好统筹规划和年度计划。地、县两级农业部门组织所属的质检机构、农业综合执法机构，强化执法检查和产品抽检，实施“检打联动”和联合执法，及时查处违法违规行为。

（二）实施分类管理，实现质检体系网络一体化建设

实施质检机构分类管理，构建以部级质检机构为龙头，省级质检机构为主体，市县两级为补充的多层级农产品质量安全检验检测网络体系，按照管理需要和功能作用，将现有质检机构分类实施管理。通过质检机构网络一体化建设，使各实验室之间的沟通和交流得到加强，发挥各自的优势和力量，协同解决科研和开发中的难题，避免课题的重复。我国的农产品质量安全管理涉及多个部门，各个部门也多有自己的质检体系，彼此之间的协作性差，应尝试在几个主要涉农部门间建立农产品应急反应网络，及时发现问题、处理问题，预防潜在风险的进一步扩大，将检测数据作为有效信息源，共同形成信息交流网络，对于我国的农产品质量安全事业具有重要意义。

（三）建立质检机构绩效评价制度，实施质检机构动态管理

开展农产品质量安全检测机构绩效评价，建立质检机构长效管理机制，指导质检机构科学发展，是今后一段时期农业系统质检机构管理的重点内容。按照科学和分类的原则，按质检机构不同领域分类制定切实可行的评价指标体系，对不同领域质检机构进行分类评价和管理，提高评价管理工作的可比性和针对性。建立质检机构动态管理机制，加大对质检机构的日常监督管理。通过严格规范证书有效期管理，严格规范现场评审工作，提高评审质量和评审效果；通过有效的监督评审和飞行检查，加强质检机构的证后监管工作；通过建立农产品质量安全检测能力验证管理制度，加强对能力验证结果的使用。建立能进能出的质检机构动态管理机制，对不符合相关制度和办法要求的，一律暂停或取消其资格；对具备条件要求的质检机构，应尽快对其进行考核。

（四）充分利用社会资源，实现资源共享

充分利用社会资源，委托或认可有资质的社会实验室，可以节约政府在实验室建设方面的投入，并使其成为缓解检测需求和服务能力矛盾的缓冲体。通过建立适当的检测实验室准入和淘汰机制，改变我国农业质检系统中检测实验室缺少竞争、不利发展的被动局面，在一定范围内与社会检验实验室形成行业内检测能力、任务和管理机制方面的竞争。我国的民营检测实验室已经开始发展，而且有些大型检测企业的软硬件实力雄厚，内部管理措施科学，是今后农业生产主体进行产品自检和产品出口检测的重要力量。

第四节　国外农产品质检机构概况

一、美国农产品质检机构情况

美国是世界上最主要的农产品生产国和出口国，对国际市场的依赖性大，这种出口导向型农业的基本国情，决定了美国农产品检测体系建设逐渐向有利于提升国内农产品品质和市场竞争力、兼顾保护消费安全的方向发展。经过 100 多年的发展，美国已形成了以完善的法律法规为基础、农产品分品种专业性监管的质量安全检测体系。

美国检测机构大体分政府检测实验室和私人检测公司。联邦政府检测实验室数量不多，主要负责实验室内部的管理和检验；私人检验公司数量众多，主要工作是开展产品认证及检验。

二、美国农产品质检机构的构架与管理

1. 农业部食品安全检验局(FSIS)

负责执行食品安全法规，监督管理肉类、禽类和蛋制品，对于屠宰前和屠宰后的动物进行检验，并检测加工企业和厂家。

2. 农业部农业市场局(AMS)

该服务体系主要包括国家科学实验室(NSL)、2个专业科学实验室(Science Speciality Laboratory)和1个种子实验室，种子实验室主要对农产品和蔬菜种子进行测试。

3. 卫生部食品和药品管理局(FDA)

负责检测所有国产和进口食品(但不包括肉类和禽类)，瓶装水，酒精含量小于7%的葡萄酒。

除上述的检测管理机构外，美国农业部下面还设立了“国家肉类和禽类检测委员会”，该委员会对美国农业部部长负责，主要就肉类、禽类和蛋类制品的国家和州检测项目向部长汇报并提出建议。

第五节　农产品质检机构建设要求

部、省、地、县四级农产品质检机构建设按照《全国农产品质量安全检验检测体系建设规划》的建设布局要求，以及国家和地方在实际农产品质量安全检验检测机构建设的实际情况，我国农产品质量安全检测机构可以分为部级、省级、地市级、县级和乡镇级质检机构。根据各层次农产品质检机构的职能安排和能力要求，质检机构的实验室建筑安装工程、仪器设备和场区工程的规模、选址与总平面设计、建设用地及规划布局、工艺流程、节能节水与环境保护、劳动定员等具体情况各

不相同。同时，对于当前的农产品质检机构建设来说，有些是新建，有些是改扩建，各农产品质检机构的基础不一样，加上各地区经济发展水平以及主要农产品生产和消费结构的差异，各农产品质检机构建设差别较大，要科学、合理、有据地利用农产品质检体系建设的中央和地方投资，将各级农产品质检机构建设项目标准化、规范化，充分发挥农产品质检机构的软硬件功能，必须要有一个相对一致的技术规范来指导建设。因此，2010 年 3 月 29 日农业部以农财发〔2010〕49 号文件下达了部、省、地、县四级农产品质量安全检验检测机构建设标准任务，目前已完成标准制定任务。《NY/T 2242—2012 农业部农产品质量安全监督检验检测中心建设标准》《NY/T 2243—2012 省级农产品质量安全监督检验检测中心建设标准》《NY/T 2244—2012地市级农产品质量安全监督检验检测机构建设标准》《NY/T 2245—2012 县级农产品质量安全监督检测机构建设标准》已于 2012 年 12 月 7 日发布，并于 2013 年 3 月 1 日起实施。

一、农业部农产品质量安全监督检验检测中心

（一）机构分类

按照农产品质量安全相关专业领域类型分为种植业产品、畜产品、水产品、种子种苗、肥料、饲料及饲料添加剂、农兽药和农业环境等质量安全监督检验检测中心。该分类是农产品质检体系规划的要求，也是目前部级质检机构类型分布的基本状况。

（二）建设规模与项目构成

1. 建设原则与规模要求

部级农产品质检中心建设原则应着重考虑与现行法律法

规、城乡规划、本地经济与产业现状、部级专业质检中心现状的衔接，努力做到依法、统筹、合理、协调发展。其作为专业性检测机构，应该从专业领域上考虑覆盖面，从参与应急处置上考虑仪器性能。与省级中心不同，部级中心检测内容以专为主、以全为辅，强调仪器的高精尖和建设的针对性。其具体要求见附件1。

2. 能力要求

(1)主要具备本领域检测技术的研发能力、全过程质量安全监测能力、突发事件的应急响应能力、国际争端的调研能力，以及质量安全风险隐患的排查能力。

部级质检中心除了要能出色地完成确证性检测，作为专业机构还应具备一定的研发能力和未知危害因子排查能力，要求在以检测技术、标准、风险评估等方面具有一定的创新能力以及技术和人才储备，以适应开展农产品检验检测技术研发和标准制修订的工作要求；实验室建设、人员和仪器设备配置方面要考虑相应专业领域农产品质量安全的全过程，要具备从农业环境、投入品、生产、加工、贮存、运输、消费整个链条各个环节的监测能力；作为农业部专业质检机构，要能从专业上对农产品质量安全监管机构应对突发事件提供及时、可靠的技术支持，并具备一定的自行处置应急突发事件的能力；同时具备国际争端的调研能力，了解专业领域国际贸易规则，为我国农产品进出口贸易服务，从技术上为消除国外设置的技术贸易壁垒提供科学支撑。相对于省级中心，部级中心应加强专业领域技术积累，基本摸清相关有害物和潜在隐患情况，具备质量安全相关未知有害物和质量安全因素的排查能力，以能适应质量安全仲裁检验和其他委托检验任务，以及质量安全重大事故、纠纷的调查、鉴定和评价。

(2)检测参数能满足所在领域相应国家标准、行业标准和地方标准以及主要贸易国标准检验的需要，检测能力达到每年2万份样品。

由于部级中心既有国内农产品质量安全检测职能，也要协助处置国际贸易纠纷中出现的农产品质量安全问题，因此在检测参数设置上既要涵盖国内的国家、行业、地方标准要求，也要满足主要贸易国标准检验的需要。在前期对各部级质检中心基本检测工作量调研和统计的基础上，部级质检机构在检测能力上需达到每年2万份样品的规模，该工作量是基于样品数而设定的。根据部级质检机构的任务和功能定位，部级机构应具备更强的研发能力、全过程监测能力和风险隐患的排查能力，因此不适于采用检测参数数量作为能力要求。

(3)定量限能满足所在领域相应参数的国家、主要贸易国和国际食品法典委员会限量标准或有关规定的要求。

根据部级中心的定位，其各项指标的仪器方法的定量限必须能满足国家标准中农兽药残留、生物毒素、污染物、添加剂等有关农产品质量安全的限量要求；同时，为了满足国际贸易和接轨需要，还应满足主要贸易国和CAC标准中有关限量指标的相关要求。

3. 项目构成

(1)场区与实验室建筑安装工程。部级质检中心的外围场区建设主要包括道路、停车场、围墙、绿化和场区综合管网等。目前，大部分部级质检中心都已布局完毕，今后的实验室建筑工程建设主要在实验室改造和扩建方面；同时，由于大部分部级中心建设已建毕运转多年，面临着建筑设备老化和无法满足现代检测分析需求等问题，在设备安装工程方面仍需要大量的更新、改造工作，主要涉及排水工程、采暖工程、通风和空调工程、电气工程、消防工程、实验室净化工程、气路系统、信息网络系统、保安监控系统等。

(2)检测仪器设备。根据部级农产品质检中心的任务和功能以及能力要求，其定位在定量检测，配备仪器设备应以高精尖为主，在面上做到综合、全覆盖。主要包括样品前处理及实验室常规设备、大型通用分析仪器、专用仪器设备、其他仪器以及相应交通工具等。为提高部级质检中心的信息化水平，各中心宜设置实验室信息管理系统。

(三)仪器设备

部级农产品质检中心在仪器设备购置和布局时应充分考虑其功能定位和要求能力，并考虑配备仪器设备的先进性、可靠性、适应性、科学性，同等性能情况下优先选择国产设备。由于部级质检中心分为种植业产品、畜产品、水产品、种子种苗、肥料、饲料及饲料添加剂、农兽药和农业环境等专业领域，各领域仪器设备需求差异大，因此针对不同类型质检中心，其要求的仪器设备种类和数量不同。

部级农产品质检中心定位在定量检测，配备仪器设备应以高精尖为主，常见的主要仪器设备有：

(1)实验室信息化管理系统。

(2)冷藏冷冻设备，如冷藏箱、冰箱、超低温冰箱等。

(3)天平，如百分之一天平、千分之一天平、万分之一天平、十万分之一天平等。

(4)干燥设备，如真空干燥箱、烘箱、马弗炉等。

(5)前处理设备，如分样器、样品粉碎研磨及均质设备、微波消解器、离心机、氮吹仪、旋转蒸发仪、固相萃取仪、快速溶剂萃取仪等。

(6)制水设备，如纯水器、超纯水器等。

(7)超声波清洗器、微量移液器、紧急喷淋装置、冲眼器等。

(8)元素价态分析仪、元素分析仪、原子吸收分光光度计、原子荧光光度计、离子色谱仪、电感耦合等离子体质谱联用仪。

(9)气相色谱仪、液相色谱仪、气相色谱—质谱联用仪、液相色谱—质谱联用仪、高分辨质谱仪。

(10)显微镜、全自动菌落计数仪、种子数粒仪、基因扩增仪、电泳仪、毛细管电泳仪、凝胶图像分析系统。

(11)总有机碳/总氮分析仪、火焰光度计、定氮仪。

(12)土壤水分测定仪、电导率仪、气体检测仪、浊度计、生物需氧量测定仪/化学需氧量测定仪、溶解氧测定仪、测油仪。

(13)粗蛋白测定仪、脂肪测定仪、纤维素测定仪、氨基酸分析仪、卡尔费休水分测定仪、酶标仪。

(14)紫外可见分光光度计、旋光分析仪、流动分析仪、pH 值计、自动电位滴定仪。

(15)光照培养箱、培养箱、高压灭菌锅、超净工作台。

(16)采样车等。

(四)实验及辅助用房功能分区

实验及辅助用房功能分区是按照单元实验室(即单个实验房间)的功能用途、仪器设备类型、检测参数类别等对质检机构的房屋建筑进行区域划分的过程，有利于实验仪器设备的分类安置、专业技术人员的分类管理、实验室管理职责的划分，是最大程度发挥质检机构检测能力、科学和安全管理实验室的必要保障。

按照质检机构一般实验室的功能类型，可以将质检机构(不包括场区建筑和一些次要的辅助用房)划分为业务管理区、物品存放区、实验区、实验保障区四个大的区域。其中实验区是质检机构的核心功能区，用于放置实验仪器设备、开展样品前处理和检验检测工作等；业务管理区是质检机构人员办公、样品接收、档案管理、人员培训的场所；物品存放区是人员更衣，以及存放实验样品、标准物质、试剂和其他物品的场所；实验保障区是保障正常实验工作开展的辅助区域，主要包括供水、供气、网络、物品清洗等。上述所划分的四个区域是整个实验室下次级的功能布局，之下还包括具备独立功能的实验室(简称功能室)。功能室是完成某项工作的基本单元，可由一个或若干单元实验室构成，单元实验室是实验建筑中独立的房间单元。

部级质检机构实验及辅助用房功能分区的详细说明如下：

1. 业务管理区

(1)人员工作室专用于中心工作人员办公，可按人均 $8m^2$ 计，人员总数符合相应标准要求。

(2)业务接待室用于业务和人员的接待、洽谈，配备必要的办公家具、设备等。

(3)接样室用于样品接收、核对、登记，配备必要的天平、分样器等。

(4)档案室用于保存检测的文件、原始记录等资料，配备必要的家具、设备、专用消防器材等。

(5)培训室用于内部和外部人员培训，配备可以同时满足 20 人以上培训所必要的会议设备、家具及信息化设备等。

2. 物品存放区

(1)更衣室用于内部和外部人员进出实验室时的更衣、清洁、消毒等，配备必要的更衣、清洗、消毒设施和设备。

(2)样品室用于样品保存，配备必要的贮存设施、低温或恒温设备等。

(3)标准物质室用于标准物质保存，标准溶液的配制、标定，室温能控制在 20℃左右，配备必要的贮存设施、低温或恒温设备等。

(4)试剂储存室用于储存备用化学试剂，配备通风设施、防爆灯、消防砂、灭火器等。

(5)冷库有条件的部级中心可以根据需要建设冷库，用于大批量样品或物品的低温贮存，配备制冷和保温成套设备、消防设备和缓冲区等，可另选址就近建设。

3. 实验区

(1)前处理室。用于实验样品前处理，配备样品粉碎及研磨设备、微波消解器、离心机、氮吹仪、旋转蒸发仪、固相萃取仪、快速溶剂萃取仪等。

(2)天平室。用于集中放置和使用天平，宜设置缓冲间和减震设施，并配备必要的恒温、恒湿设备等。

(3)高温设备室。用于放置烘箱、马弗炉等，配备必要的耐热试验台、通风设备等。

(4)感官评价室。用于农产品感官品质鉴定。

(5)生物学检测室。用于农产品分子生物学检测和微生物污染及疫病检验等。

(6)转基因检测室。用于检测转基因成分，应符合负压实验室要求。

(7)理化分析及小型仪器室。主要用于理化分析及其他小型仪器设备的放置和使用，如总有机碳/总氮分析仪、定氮仪、流动分析仪、pH 值计、自动电位滴定仪、电导率仪、粗蛋白测定仪、脂肪测定仪、纤维素测定仪、氨基酸分析仪、卡尔费休水分测定仪、土壤水分测量仪、浊度计、气体检测仪、生物需氧量测定仪、溶解氧测定仪、测油仪等。

(8)光谱分析室。主要用于元素分析，配备原子吸收分光光度计、原子荧光光度计、元素价态分析仪、火焰光度计等。

(9)电感耦合等离子体质谱联用仪室。主要用于元素分析，放置电感耦合等离子体质谱联用仪，要求洁净度达千级。

(10)色谱分析室。主要用于农(兽)药残留等的测定，配备气相色谱、液相色谱或色谱－质谱联用仪等，配备必要的通风设施。

4. 实验保障区

(1)制水室。用于制备实验用水。

(2)供气室。用于集中供气系统或气瓶的放置，提供实验用氮气、氩气、氢气、乙炔等气体。

(3)网络机房。用于放置实验室信息化管理系统的服务器、交换机、不间断电源等设备。

(4)清洗室。用于实验器皿、设备等物品的清洗，配备必要的清洗设备、用具、用品。

(五)主要技术及经济指标

主要包括建筑工程投资、仪器设备购置费、工程建设其他费和预备费等。仪器设备购置基本经济指标的估算应以一定时期、当地具体报价为准，建设标准中的仪器设备单价是考虑价格差异而给出的价格范围。在仪器设备配置规划时，可按照仪器设备类别进行分项统计，如实验室管理系统、样品前处理及实验室常规设备、大型通用分析仪器设备、专用仪器设备、其他仪器设备、交通工具等；每种仪器价格小计 P_i(万元)＝单价(p)×数量(n)或单价累加，如冰箱和冷藏箱的 $P_i = 0.50$ 万元 $\times 13 = 6.50$ 万元；每大类仪器设备价格(万元)合计 $\sum_{i=1}^{n} P = P_1 + P_2 + \cdots + P_n$，对 $\sum_{i=1}^{n} P$ 进行估算得出 P'_i；所有仪器设备购置经济指标(万元)总计 $\sum_{i=1}^{n} P' = P'_1 + P'_{2+} \cdots + P'_n$。

(六)劳动定员

考虑部级质检中心的功能定位和能力要求，遵循《农产品质量安全检测机构考核办法》(农业部令第 7 号)及细则规定，提出基本要求，但对于检测基础相对较弱专业领域和所在地区可酌情降低相关要求：

(1)从事农产品质量安全检测的技术人员应具有相关专业中专以上学历，并经省级以上人民政府农业行政主管部门考核合格。

依据：细则第六条“配备与检验工作相适应的管理人员和技术人员。技术人员应具有相关专业中专以上学历，人数不少于 5 人，其中中级职称以上人员比例不低于 40%”。

(2)技术负责人和质量负责人应具备高级专业技术职称或同等能力，并从事农产品质量安全相关工作 8 年以上。

依据：细则第九条“技术负责人和质量负责人应当具有中级以上职称，并从事农产品质量安全工作 5 年以上”。考虑到部级中心作为全国农产品质量安全检验检测专业体系的核心，要具有一定的研发能力，因此对技术负责人和质量负责人的要求略高于省级中心，从事农产品质量安全相关工作 8 年以上。

(3)综合管理部门负责人应具备中级及以上专业技术职称或同等能力，熟悉检测业务，具有一定组织协调能力。

依据：细则第十一条“业务管理部门负责人应熟悉检测业务，具有一定的组织协调能力”。考虑到部级中心作为全国农产品质量安全检验检测专业体系的核心，业务管理部门负责人具备中级职称或同等能力比较符合部级中心的地位，有利于中心工作的开展。

(4)检测部门负责人应具备中级及以上专业技术职称或同等能力，5 年以上检测工作经历，熟悉本专业检测业务，具有一定管理能力。

依据：细则第十二条“检测技术部门负责人应熟悉本专业检验业务，具有一定的管理能力”。考虑到部级中心作为全国农产品质量安全检验检测专业体系的核心，而检测技术部门则是中心的核心部门，负责人具备中级职称或同等能力并有5年以上工作经历，有利于在技术能力上从严把关，也有利于管理能力要求的提高。

(5)从事计量检定和种子、动植物检疫等法律法规另有规定的检验人员，须有相关部门的资格证明。

说明：计量检定和种子、动植物检疫有别于其他普通农产品检测，应遵循《计量检定人员管理办法》《农作物种子检验员考核管理办法》《中华人民共和国动物防疫法》《植物检疫条例》国家法律法规以及地方有关法规条例的相关要求。

(6)技术人员和管理人员总数由于具备能力、仪器设备配置和实验室面积等不同，不同类型中心所配备的人员也要差异化，因此将种植业产品、畜产品、水产品作为一类来规定，而种子种苗、肥料、农兽药、饲料及饲料添加剂和农业环境另外规定。

根据功能定位、实验室功能分区以及仪器的充分使用要求，种植业产品、畜产品、水产品等部级中心应该具备以下全部或部分职能和检测能力：样品接收、档案管理、感官评价、微生物相关检测、农业环境相关检测、种子检测、饲料质量检测、元素分析、农兽药残留分析、计算机及网络管理等。每个中心可能涉及上述分工7～9项，按照平均每项3～4名技术人员配置(部分重点类型可以倾斜配置)，加上中心主任、副主任及管理人员，需约25人以上才能基本满足本标准涉及的分工和工作量要求。

种子种苗、肥料、农兽药、饲料及饲料添加剂和农业环境所需的人数相对其他较少，可能涉及上述其中5～6项职能和检测能力，按照平均每项2～3名技术人员配置(部分重点类型可以倾斜配置)，加上中心主任、副主任及管理人员，需约15

人以上才能基本满足本标准涉及的分工和工作量要求。

二、省级农产品质量安全监督检验检测中心

（一）建设规模与项目构成

1. 建设原则与规模要求

省级农产品质检中心建设原则应着重考虑与现行法律法规、城乡规划、本地经济与产业现状、省级专业质检中心现状的衔接，努力做到依法、统筹、合理、协调发展。省级农产品质检中心作为综合性检测机构，应该覆盖农产品质量安全监管的各个方面，应根据种植业产品、畜产品、水产品、农业环境、种子种苗、农兽药、肥料、饲料及饲料添加剂等领域所涉及的质量安全因素确定检测内容。

2. 能力要求

(1)以定量检测为主，检出限能满足国家和国际食品法典委员会(CAC)相应参数的限量标准要求。省级质检中心以确证性检测为主，因此将以高精度定量检测仪器作为设备配备的重点，如气相色谱质谱联用仪、液相色谱质谱联用仪、气相色谱仪、液相色谱仪、元素分析仪、火焰光度计、原子吸收分光光度计、原子荧光光度计、离子色谱仪、元素价态分析仪、紫外可见分光光度计、流动分析仪等，尤其是色谱仪和质谱仪，是目前农产品质量安全领域确证性检测的最主要手段。

此外，省级质检中心针对主要农产品、农业投入品和农业环境中各项指标的仪器方法的检测限必须能满足国家标准中农兽药残留、生物毒素、污染物、添加剂等有关农产品质量安全的限量要求；同时，为了满足国际贸易和接轨需要，还应满足CAC标准中有关限量指标的相关要求。

(2)检测规模能力达到每年20万～30万项次。按目前农

产品例行监测的规模，平均 1 个样品检测 20～30 个参数，省级农产品质检中心配备的人员、仪器设备以及场地环境所提供的保障能力，从省级农产品质量安全监管的需要，中心的最高检测规模应当达到每年 1 万样品，20 万～30 万项次。当然，这个指标是指中心在人员、设备等全部配齐、正常运转条件下满负荷的最高检测规模能力。

(3)农药多残留检测水平达到一次进样检测 150 种成分以上。主要指农药残留检测，采用气相色谱质谱联用法、液相色谱质谱联用法、气相色谱法或液相色谱法，能够一次前处理一次进样定量检测 150 种及以上成分，基本能够覆盖农田所用的农药，满足农产品质量安全监管的要求，省级农产品质检中心的仪器使用能力、人员操作应具备这一能力。

3. 项目构成

(1)场区与实验室建筑安装工程。省级质检中心的外围场区建设主要包括道路、停车场、围墙、绿化和场区综合管网等，以及实验室配套的气瓶库、危险物品储存库等附属设施。目前，大部分省级质检中心都已完成初步建设，今后的实验室建筑工程建设主要在实验室改造和扩建以及合并建设方面；同时，部分省级中心建设已建毕运转多年，面临着建筑设备老化和无法满足现代检测分析需求等问题，在设备安装工程方面仍需要大量的更新、改造工作，主要涉及排水工程、采暖工程、通风和空调工程、电气工程、消防工程、实验室净化工程、气路系统、信息网络系统、保安监控系统等。

(2)检测仪器设备。根据省级农产品质检中心的任务和功能以及能力要求，其定位在确证性检测，重点要求在面上做到综合、全覆盖，配备仪器设备应以高精尖为主。主要包括样品前处理及实验室常规设备、大型通用分析仪器、农业环境分析仪器、种子和微生物常用仪器、产品品质分析常用仪器、其他小型仪器、交通工具等。为提高省级质检中心的信息化水平，各中心宜设置实验室信息管理系统。

（二）仪器设备

省级农产品质检中心在仪器设备购置和布局时应充分考虑其功能定位和要求能力，并考虑配备仪器设备的先进性、可靠性、适应性、科学性，同等性能情况下优先选择国产设备。省级农产品质检中心常用的主要仪器设备有：

(1)实验室信息化管理系统。

(2)制冷设备，如冷藏箱、冰箱、超低温冰箱等。

(3)天平，如百分之一天平、千分之一天平、万分之一天平、十万分之一天平等。

(4)干燥设备，如真空干燥箱、烘箱、马弗炉等。

(5)前处理设备，如分样器、样品粉碎研磨及均质设备、微波消解器、离心机、氮吹仪、旋转蒸发仪、固相萃取仪、快速溶剂萃取仪、凝胶渗透色谱净化系统等。

(6)制水设备，如纯水器、超纯水器等。

(7)超声波清洗器、微量移液器、紧急喷淋装置、冲眼器等。

(8)元素价态分析仪、原子吸收分光光度计、原子荧光光度计、离子色谱仪、电感耦合等离子体发射光谱仪、电感耦合等离子体质谱联用仪。

(9)气相色谱仪、液相色谱仪、气相色谱－质谱联用仪、液相色谱－质谱联用仪。

(10)定氮仪、火焰光度计、总有机碳/总氮分析仪。

(11)气体检测仪、生物需氧量测定仪/化学需氧量测定仪、溶解氧测定仪、测油仪、浊度计、土壤水分测定仪等。

(12)显微镜、全自动菌落计数仪、基因扩增仪、电泳仪、凝胶图像分析系统。

(13)种子数粒仪、种子水分测定仪、光照培养箱、培养箱、高压灭菌锅、超净工作台等。

(14)粗蛋白测定仪、脂肪测定仪、纤维素测定仪、氨基酸分析仪。

(15)紫外可见分光光度计、旋光分析仪、流动分析仪、元素分析仪、自动电位滴定仪、卡尔费休水分测定仪。

(16)pH 值计、电导率仪、酶标仪等。

(17)采样车等。

(三)实验及辅助用房功能分区

省级质检机构实验及辅助用房功能分区的详细说明如下。

1. 业务管理区

主要包括人员工作室、业务接待室、接样室、档案室、培训室等，具体功能基本同部级质检中心。

2. 物品存放区

主要包括更衣室、样品室、标准物质室、试剂储存室、冷库等，具体功能基本同部级质检中心。

3. 实验区

省级质检机构的实验区划分与部级中心明显不同，前者是综合性检测机构，涵盖农产品质量安全检测的各个方面，而后者属于专业实验室，在实验区的功能室划分上多按照仪器设备类型，兼顾重要检测参数或对象来设置。

(1)前处理室。用于实验样品前处理，配备样品粉碎及研磨设备、微波消解器、离心机、氮吹仪、旋转蒸发仪、固相萃取仪、快速溶剂萃取仪、凝胶渗透色谱净化系统等。

(2)天平室。用于集中放置和使用天平，宜设置缓冲间和减震设施，并配备必要的恒温、恒湿设备等。

(3)高温设备室。用于放置烘箱、马弗炉等，配备必要的耐热试验台、通风设备等。

(4)感官评价室。用于农产品感官品质鉴定。

(5)微生物检测室。用于农产品微生物污染以及疫病检验等。

(6)环境检测室。用于常见农业环境污染物的检测，配备总有机碳/总氮分析仪、生物需氧量测定仪/化学需氧量测定仪、气体检测仪、溶解氧测定仪、浊度计、测油仪等现场监测和常规环境检测仪器设备。

(7)种子检测室。用于种子质量检测，配备种子净度、水分、活力、纯度、真实性等检测仪器设备。

(8)土肥检测室。用于土壤肥力、肥料质量的检测，配备定氮仪、火焰光度计、土壤水分测定仪等。

(9)饲料检测室。用于饲料质量检测，配备粗蛋白测定仪、脂肪仪、纤维素分析仪、氨基酸分析仪等。

(10)农(兽)药实验室。专用于农(兽)药前处理、理化指标测定等，配备气相色谱仪、液相色谱仪等，配备必要的通风设施。

(11)光谱分析室。主要用于元素及价态分析，配备原子吸收分光光度计、原子荧光光度计、元素价态分析仪、电感耦合等离子体发射光谱仪等，配备必要的通风设施。

(12)电感耦合等离子体质谱联用仪室。专用于放置电感耦合等离子体质谱联用仪，配备必要的通风、净化设施设备，要求洁净度达千级。

(13)色谱分析室。主要用于农(兽)药残留等的测定，配备气相色谱仪、液相色谱仪或色谱-质谱联用仪等，配备必要的通风设施。

4. 实验保障区

主要包括制水室、供气室、网络机房、清洗室等，具体功能基本同部级质检中心。

(四)劳动定员

考虑省级质检中心的功能定位和能力要求，遵循《农产品质量安全检测机构考核办法》(农业部令第7号)及细则规定，提出基本要求，但对于检测基础相对较弱的省(自治区、直辖市)及计划单列市可酌情降低相关要求。

(1)从事农产品质量安全检测的技术人员应具有相关专业中专以上学历，并经省级以上人民政府农业行政主管部门考核合格。

依据：细则第六条“配备与检验工作相适应的管理人员和技术人员。技术人员应具有相关专业中专以上学历，人数不少于5人，其中中级职称以上人员比例不低于40%”。

(2)技术负责人和质量负责人应具备局级专业技术职称或同等能力，并从事农产品质量安全相关工作5年以上。

依据：细则第九条“技术负责人和质量负责人应当具有中级以上职称，并从事农产品质量安全工作5年以上”。考虑到省级中心作为全省农产品质量安全检验检测体系的核心，技术负责人和质量负责人具备高级职称或同等能力比较符合省级中心的地位，有利于中心工作的开展。

(3)综合管理部门负责人应具备中级及以上专业技术职称或同等能力，熟悉检测业务，具有一定组织协调能力。

依据：细则第十一条“业务管理部门负责人应熟悉检测业务，具有一定的组织协调能力”。考虑到省级中心作为全省农产品质量安全检验检测体系的核心，业务管理部门负责人具备中级职称或同等能力比较符合省级中心的地位，有利于中心工作的开展。

(4)检测部门负责人应具备中级及以上专业技术职称或同等能力，5年以上检测工作经历，熟悉本专业检测业务，具有一定管理能力。

依据：细则第十二条“检测技术部门负责人应熟悉本专业检验业务，具有一定的管理能力”。考虑到省级中心作为全省农产品质量安全检验检测体系的核心，而检测技术部门则是中心的核心部门，负责人具备中级职称或同等能力并有5年以上工作经历，有利于在技术能力上从严把关，也有利于管理能力要求的提高。

(5)从事计量检定和种子、动植物检疫等法律法规另有规定的检验人员，须有相关部门的资格证明。

说明：计量检定和种子、动植物检疫有别于其他普通农产品检测，应遵循《计量检定人员管理办法》《农作物种子检验员考核管理办法》《中华人民共和国动物防疫法》《植物检疫条例》国家法律法规以及地方有关法规条例的相关要求。

(6)技术人员和管理人员总数不宜少于50人。根据功能定位、实验室功能分区以及仪器的充分使用要求，省级中心应该具备以下职能和检测能力：样品接收、档案管理、感官评价、微生物相关检测、农业环境相关检测、种子检测、饲料质量检测、元素分析、农兽药残留分析、计算机及网络管理等。上述分工约10项，按照平均每项4名技术人员配置(部分重点类型可以倾斜配置)，加上中心主任、副主任及管理人员，共约50人可以基本满足本标准涉及的分工和工作量要求。

三、地市级农产品质量安全监督检验检测机构

(一)建设规模与项目构成

1. 建设原则与规模要求

地市级农产品质检机构的建设原则应着重考虑与现行法律法规、城乡规划、本地经济与产业现状、地市级农产品质检机构现状的衔接，努力做到依法、统筹、合理、协调发展。地市

级农产品质检机构作为综合性检测机构，应该覆盖农产品质量安全监管的各个方面，从检测内容上看主要包括种植业产品、畜产品、水产品、农业环境和农业投入品等。

省会城市农产品质量安全监督检验检测机构参照地市级质检机构，建设规模可适当增加。

2. 能力要求

(1)以定量检测为主，重点配置高灵敏、高精度检测仪器设备，兼备现场快速检测能力。地市级质检机构以确证性检测为主，因此将以高灵敏、高精度定量检测仪器作为设备配备的重点，如气相色谱质谱联用仪、液相色谱质谱联用仪、气相色谱仪、液相色谱仪、元素分析仪、火焰光度计、原子吸收分光光度计、原子荧光光度计、离子色谱仪、元素价态分析仪、紫外可见分光光度计、流动分析仪等，尤其是色谱仪和质谱仪，是目前农产品质量安全领域确证性检测的最主要手段，地市级质检机构将配备气相色谱仪 2～3 台，液相色谱仪 3～4 台，气相色谱质谱联用仪、液相色谱质谱联用仪各 1 台。与省级质检中心相比，地市级质检机构所配备的高精度检测设备在面上大致相同，但数量上有所减少。同时，兼备现场快速检测能力，但与县级质检机构相比，现场检测能力在工作中所占的比例应相对弱化。

(2)能够满足本地区(自治州、盟)行政区域内主导农产品、农业投入品及农业环境的质量安全监管相关检测需要。以满足本行政区域内农产品质量安全行政监管为主要目标，地市级质检机构在检测项目、内容、参数上应能够覆盖本行政区域内生产、贸易、消费的主要农产品种类；覆盖在生产过程中使用的主要种子(种苗)、肥料、农药等投入品种类及相关检测指标；覆盖本行政区域内主要的、特征性的或地域性的农业环境因素，包括土壤性质、水质和大气质量等常规项检测，也包括环境污染因素如重金属、持久性污染物、气体污染物、有害微生物及毒素等。与省级质检中心相比，地市级质检机构的检测范围相对较窄，但更有针对性，并加强了快速检测仪器设备的配置和使用。

(3)检出限能满足国家相应参数的限量标准要求。地市级质检机构针对主要农产品、农业投入品和农业环境中各项指标的仪器方法的检测限必须能满足国家标准中农兽药残留、生物毒素、污染物、添加剂等有关农产品质量安全的限量要求。鼓励提高自身能力，与国际食品法典委员会(CAC)等国际组织的有关限量指标接轨，但不做硬性要求。

(4)检测能力达到每年8万～10万项次。在前期对各地市级质检机构基本检测工作量调研和统计的基础上，地市级质检机构在检测能力上需达到每年8万～10万项次的规模，该工作量是基于检测参数而设定的。由于地市级质检机构大量承担农产品质量安全抽检、监督抽查检测、复检等例行工作，每个样品的检测参数一般较多，如农兽药残留、重金属等，检测参数是体现其工作量的主要指标。

3. 项目构成

(1)场区与实验室建筑安装工程。地市级质检机构的外围场区建设主要包括道路、停车场、围墙、绿化和场区综合管网等，鼓励有条件的地区独立设置实验室配套的气瓶库、危险物品储存库等附属设施。目前，大部分地市级质检中心属于新建，在设备安装工程方面需要建设排水工程、采暖工程、通风和空调工程、电气工程、消防工程、实验室净化工程、气路系统、信息网络系统、保安监控系统等。

(2)检测仪器设备。按照地市级农产品质检机构的任务和功能以及能力要求，其定位在定量检测，兼具快速检测能力，在面上做到综合、全覆盖。主要包括样品前处理及实验室常规设备、大型通用分析仪器、专用检测仪器设备、快速检测仪器设备、其他仪器设备、交通工具等。鼓励地市级质检中心提高仪器设备和人员的信息化管理水平。

（二）仪器设备

地市级农产品质检中心在仪器设备购置和布局时应充分考虑其功能定位和要求能力，并考虑配备仪器设备的先进性、可靠性、适应性、科学性，同等性能情况下优先选择国产设备。地市级农产品质检中心常用的主要仪器设备有：

(1)制冷设备，如冷藏箱、冰箱、超低温冰箱等。

(2)天平，如百分之一天平、千分之一天平、万分之一天平、十万分之一天平等。

(3)干燥设备，如真空干燥箱、烘箱、马弗炉等。

(4)前处理设备，如分样器、样品粉碎研磨及均质设备、微波消解器、全自动样品消解工作站、离心机、氮吹仪、旋转蒸发仪、固相萃取仪、快速溶剂萃取仪等。

(5)制水设备，如纯水器、超纯水器等。

(6)超声波清洗器、微量移液器、紧急喷淋装置、冲眼器等。

(7)元素价态分析仪、原子吸收分光光度计、原子荧光光度计、离子色谱仪。

(8)气相色谱仪、液相色谱仪、气相色谱一质谱联用仪、液相色谱一质谱联用仪。

(9)定氮仪、总有机碳/总氮分析仪。

(10)电导率仪、土壤水分测定仪、生物需氧量测定仪、溶解氧测定仪、浊度计、测油仪。

(11)显微镜、全自动菌落分析仪、酶标仪。

(12)粗蛋白测定仪、脂肪测定仪、纤维素测定仪。

(13)快速检测仪器设备，如农药残毒速测仪、兽药残留检测仪、生物毒素速测仪、乳成分测定仪。

(14)紫外分光光度计、旋光分析仪、自动电位滴定仪、pH值计、培养箱、高压灭菌锅、超净工作台、生物安全柜等。

(15)采样车等。

(三)实验及辅助用房功能分区

地市级质检机构实验及辅助用房功能分区的详细说明如下。

1. 业务管理区

主要包括人员工作室、业务接待室、接样室、档案室、培训室等，具体功能基本同省级质检机构。

2. 物品存放区

主要包括更衣室、样品室、标准物质室、试剂储存室等，具体功能基本同省级质检机构。

3. 实验区

主要包括样品前处理室、天平室、高温设备室、感官评价室、快速检测室、微生物检测室、环境检测室、种子检测室、土肥检测室、饲料检测室、光谱分析室、色谱分析室，在功能室的划分上与省级质检机构相近，强调的是检测参数的覆盖面，但根据仪器设备配置和能力要求功能室的总体要求有所弱化。

4. 实验保障区

主要包括制水室、供气室、洗涤室等，具体功能基本同省级质检机构。

(四)劳动定员

考虑地市级质检机构的功能定位和能力要求，遵循《农产品质量安全检测机构考核办法》(农业部令第7号)及细则规定,提出基本要求,但对于检测基础相对较弱的地区、自治州、盟或地级市、区及省会城市可酌情降低相关要求。

(1)从事农产品质量安全检测的技术人员应具有相关专业中专以上学历,并经省级以上人民政府农业行政主管部门考核合格。

依据:细则第六条“配备与检验工作相适应的管理人员和技术人员。技术人员应具有相关专业中专以上学历,人数不少于5人,其中中级职称以上人员比例不低于40%”。

(2)技术负责人和质量负责人应具备高级专业技术职称或同等能力,并从事农产品质量安全相关工作5年以上。

依据:细则第九条“技术负责人和质量负责人应当具有中级以上职称,并从事农产品质量安全工作5年以上”。

(3)综合管理部门负责人应具备中级及以上专业技术职称或同等能力,熟悉检测业务,具有一定组织协调能力。

依据:细则第十一条“业务管理部门负责人应熟悉检测业务,具有一定的组织协调能力”。考虑到地市级质检机构作为联系省级和县级质检机构的纽带,负责整个地级行政区域内的农产品质量安全检验检测事务,业务管理部门负责人具备中级职称或同等能力比较符合地市级质检机构的位置,有利于机构工作的开展。

(4)检测部门负责人应具备中级及以上专业技术职称或同等能力,5年以上检测工作经历,熟悉本专业检测业务,具有一定管理能力。

依据:细则第十二条“检测技术部门负责人应熟悉本专业检验业务,具有一定的管理能力”。考虑到地市级质检机构的地位和作用,而检测技术部门则是其核心部门,负责人具备中级职称或同等能力并有5年以上工作经历,有利于在技术能力上从严把关，也有利于管理能力要求的提高。

(5)从事计量检定和种子、动植物检疫等法律法规另有规定的检验人员，须有相关部门的资格证明。

说明：计量检定和种子、动植物检疫有别于其他普通农产品检测，应遵循《计量检定人员管理办法》《农作物种子检验员考核管理办法》《中华人民共和国动物防疫法》《植物检疫条例》国家法律法规以及地方有关法规条例的相关要求。

(6)技术人员和管理人员总数。

根据功能定位、实验室功能分区以及仪器的充分使用要求，地市级质检机构应该具备以下职能和检测能力：样品接收、档案管理、感官评价、微生物相关检测、农业环境相关检测、种子检测、饲料质量检测、元素分析、农兽药残留分析、计算机及网络管理等。上述分工约 10 项，按照平均每项 2～3 名技术人员配置(部分重点类型可以倾斜配置)，加上中心主任、副主任及管理人员，考虑到地域差异，人员总数 15～25 人可以基本满足本标准涉及的分工和工作量要求。

四、县级农产品质量安全检测机构

(一)建设规模与项目构成

1. 建设原则与规模要求

县级农产品质检机构的建设原则应着重考虑与现行法律法规、城乡规划、本地经济与产业现状、县级农产品质检机构现状的衔接，努力做到依法、统筹、合理、协调发展。县级农产品质检机构作为农业生产基本地域单元——县级行政区域的综合性检测机构，应覆盖当地农产品质量安全监管的各个方面，从检测内容上看为当地主产的种植业产品、畜产品、水产品以及相关农业环境和农业投入品等。

2. 能力要求

(1)以现场快速检测和环境、土壤监测为主，兼顾农产品中主要污染物和重要禁、限用农(兽)药的定量检测。

县级质检机构以现场快速检测为主，因此将以便携的快速检测仪器作为设备配备的重点，如农兽药速测仪、生物毒素(黄曲霉毒素)速测仪以及土壤测试仪和环境现场监测设备等。同时，在具备现场快速检测能力的基础上，县级质检机构还要具备一定的确证性检测能力，尤其针对当地主要污染物和重要禁用、限用农兽渔药残留，将配备原子吸收分光光度计、原子荧光光度计、气相色谱仪、液相色谱仪等，有需要和有条件的县级质检机构可以购置气相色谱质谱联用仪、液相色谱质谱联用仪，用以提升机构的确证性检测能力。

(2)具备在本县、自治县、旗或自治旗及县级市、区、镇、街道等行政区域内进行流动检测的能力。

县级质检机构以现场快速检测为主，作为必要的手段和工具，除了配备采样车外，有需要的和有条件的县级质检机构可以购置流动检测车，配置可车载的速测仪器设备甚至气相色谱仪或液相色谱仪，以及配套的器具、器材和电源等，专用于流动快速检测，移动能力要能覆盖整个县域农产品生产和流通的地点。同时，技术人员要具备相应的快速检测操作能力。

(3)年检测样品量应能满足本县、自治县、旗或自治旗及县级市、区、镇、街道等行政区域内主导农产品、农业投入品及农业环境的质量安全监管基本需要，检测能力达到每年1万～3万项次。检出限能满足相应参数国家限量标准要求。

县级质检机构作为县域内的综合性农产品质检机构，是农产品质量安全监管行政能力的延伸和重要的技术支撑，其检测范围和能力要能覆盖主导农产品、投入品和农业环境的质量安全因素，以应对县域内可能产生的农产品质量安全风险；同时，为了保证机构检测能力的权威性，尤其是确证性检测，方法的检测限必须能够满足国家限量标准的相关要求。

检测能力达到每年1万～3万项次。在前期对各县级质检机构基本检测工作量调研和统计的基础上，县级质检机构在检测能力上需达到每年1万～3万项次的规模，该工作量是基于检测参数而设定的。由于县级质检机构承担了相当数量的农产品质量安全日常性检测工作，每个样品的检测参数一般较多，如农兽药残留、重金属等，而县级速测工作较多，检测参数是体现其工作量的主要指标。

3. 项目构成

(1)场区与实验室建筑安装工程。县级质检机构的外围场区建设主要包括道路、停车场、围墙、绿化和场区综合管网等，宜独立设置实验室配套的气瓶库、危险物品储存库等附属设施。目前，相当一部分县级质检机构已在“农产品质检体系一期规划”期间建设完毕，还有部分县需要新建，在设备安装工程方面需要建设排水工程、采暖工程、通风和空调工程、电气工程、消防工程、实验室净化工程等，宜设置信息网络系统、保安监控系统等。

(2)检测仪器设备。按照县级农产品质检机构的任务和功能以及能力要求，其定位在以现场快速检测和环境、土壤监测为主，兼顾农产品中主要污染物和重要禁、限用农兽药的定量检测。监测仪器设备主要包括样品前处理及实验室常规设备、大型通用分析仪器、现场快速检测仪器设备、其他仪器设备、交通工具等。鼓励县级质检中心提高仪器设备和人员的信息化管理水平。

(二)仪器设备

县级农产品质检机构在仪器设备购置和布局时应充分考虑其功能定位和要求能力，并考虑配备仪器设备的先进性、可靠性、适应性、科学性，同等性能情况下优先选择国产设备。一类县主要以开展现场快速检测、指导地方农业生产为目的，配备农产品安全检测、农业生产和农业生态环境监测所需的基本设备，以样品前处理、快速检测仪器设备和移动检测设备为主。二类县以做好优势农产品监管为目的，在一类县的基础上，进一步配备定量检测和确证检测设备。县级农产品质检中心常用的主要仪器设备有：

(1)制冷设备，如冷藏箱、冰箱、超低温冰箱等。

(2)天平，如百分之一天平、千分之一天平、万分之一天平等。

(3)干燥设备，如真空干燥箱、烘箱、马弗炉等。

(4)前处理设备，如分样器、样品粉碎研磨及均质设备、消解装置、离心机、氮吹仪、旋转蒸发仪、固相萃取装置等。

(5)制水设备，如纯水器、超纯水器等。

(6)超声波清洗器、微量移液器、冲眼器等。

(7)原子吸收分光光度计、原子荧光光度计。

(8)气相色谱仪、液相色谱仪。

(9)现场快速检测仪器设备：农药残毒速测仪、兽药残留检测仪、生物毒素速测仪、土壤测试仪、农业环境现场监测仪器设备、乳成分测定仪、流动检测车。

(10)紫外分光光度计、自动电位滴定仪、pH值计、酶标仪等。

(11)采样车等。

(三)实验及辅助用房功能分区

县级质检机构实验及辅助用房功能分区的详细说明如下：

1. 业务管理区

主要包括人员工作室、业务室、档案室等，具体功能基本同地市级质检机构，但类型和规模略小。

2. 物品存放区

主要包括样品室、标准物质室、试剂储存室等，具体功能基本同地市级质检机构，但类型和规模略小。

3. 实验区

主要包括样品前处理室、天平室、高温设备室、速测室、环境检测室、重金属检测室、色谱分析室，在功能室的划分上明显弱于地市级质检机构，强调的是重点检测参数的覆盖和快速检测。

4. 实验保障区

主要包括制水室、供气室、洗涤室等，具体功能基本同地市级质检机构。

(四)劳动定员

考虑县级质检机构的功能定位和能力要求，遵循《农产品质量安全检测机构考核办法》(农业部令第 7 号)及细则规定，提出基本要求，但对于检测基础相对较弱的县域可酌情降低相关要求：

(1)从事农产品质量安全检测的技术人员应具有相关专业中专及以上学历，并经省级以上人民政府农业行政主管部门考核合格。

依据：细则第六条“配备与检验工作相适应的管理人员和技术人员。技术人员应具有相关专业中专以上学历，人数不少于 5 人，其中中级职称以上人员比例不低于 40%”。

(2)技术负责人和质量负责人应具有中级及以上专业技术职称或同等能力，并从事农产品质量安全相关工作 5 年以上。

依据：细则第九条“技术负责人和质量负责人应具有中级以上职称，并从事农产品质量安全工作 5 年以上”。

(3)技术人员和管理人员总数 10～15 人。

依据细则第六条“配备与检验工作相适应的管理人员和技术人员。技术人员应具有相关专业中专以上学历，人数不少于5人”。从未来发展和设计工作量考虑，县级质检机构技术人员和管理人员总数应在最低标准上有所提高，要不少于10人。此外，县级作为基层质检机构，相关能力应与地市级质检机构保持一定的层次分工，因此总人数控制在15人以内。

第五章　农产品质量安全执法监管

第一节　审查检验人员资格管理

一、审查人员资格管理制度

审查人员是指在实施食品质量安全市场准入制度中，从事对食品生产企业生产条件和检验能力现场审查的人员；资格是指从事食品生产企业生产条件和检验能力现场审查的人员应当具备的条件；审查人员资格管理制度是对从事食品生产企业生产条件和检验能力现场审查人员资格进行管理的制度。主要包括培训制度、考核制度、注册制度、聘用制度、监督管理等5个方面的内容。

发放《食品生产许可证》，既要审查企业的生产必备条件，又要使用科学的检测手段检查产品质量，工作量大、政策性强、专业特点突出，需要一支掌握与食品生产加工有关的法律法规基础知识和相关技术法规，政治强、业务精、作风硬的审查员队伍和懂技术、敢负责、善管理的专家队伍，这也是保证企业审查工作质量的关键。加强审核员队伍建设，实行统一教材、集中培训、公开考试、持证上岗、注册管理、继续教育，建立健全审核员资格管理制度，是保证食品质量安全市场准入制度顺利实施的前提。

二、检验人员资格管理制度

在食品质量安全市场准入制度中，检验人员是指质量检验机构和食品生产企业产品质量检验部门从事食品质量检验工作的人员；资格是指从事食品质量检验工作的检验员应当具备的条件；检验人员资格管理制度是对从事食品质量检验工作的检验员的资格进行管理的制度。主要包括培训制度、考核制度、注册制度、聘用制度、监督管理等5个方面的内容。

食品检验是食品质量安全市场准入制度中非常关键的环节，不仅发放生产许可证需要质量检验，产品出厂需要质量检验，而且企业开发新产品也要质量检验，甚至食品质量安全分析，食品检验是食品质量安全市场准入制度从源头抓质量的最重要一个环节。食品检验，工作责任大，技术要求高，需要一支包括企业和质检机构在内的，掌握与食品生产加工有关的法律法规基础知识和食品检验基本知识技能，业务精、敢负责、分层次的检验人员队伍，这是保证食品质量安全关键，直接关系到人民群众生命安全。加强检验人员队伍建设，实行统一教材、统一大纲、统一培训、统一考试、持证上岗的检验人员执业资格制度，建立健全检验人员资格管理制度体系，是保证食品质量安全市场准入制度顺利实施的基础。

三、审查人员应具备的基本条件

《加强食品质量安全监督管理工作实施意见》规定："审查人员必须掌握与食品生产加工有关的法律法规基础知识、部门规章和相关技术法规"。凡身体健康并具备下列条件之一者可申请参加审查员培训和考核：

(1)大专(含大专)以上学历，从事相关质量工作满3年。

(2)中级(含中级)以上专业技术职务任职资格，从事食品生产加工或者食品检验工作满三年。

(3)具有质量体系审核员资格。料等书面审查和企业生产条件、检验能力现场审查的任务。

质量技术监督部门工作人员参加现场审查，主要是了解企业的基本情况，监督审查工作，不作为审查组成员，没有审查意见签字权。

四、检验人员的基本条件

《加强食品质量安全监督管理工作实施意见》规定："检验人员必须掌握与食品生产加工有关的法律法规基础知识和食品检验的基本知识和技能"。一般应当具备以下条件，并经培训考核合格，方可承担食品质量检验工作：

(1)具有中专以上学历或者具有初级专业技术职务任职资格。

(2)从事过食品检验或者相关专业的检验工作。

中专以上学历包括中专，但不包括高中学历。从事过相关专业的检验工作主要是指与食品检验专业相近专业的检验工作。

食品检验人员包括质检机构从事食品质量检验的检验人员和对检验结果进行审核的审核人员，食品生产企业从事出厂检验的检验人员和检验部门负责人。

食品质量检验岗位专业性非常突出，责任也非常重大，不仅要对企业负责，同时还要对消费者负责。从事食品质量检验的人员，应该熟悉质量检验基础知识，熟悉食品质量技术法规，掌握质量检验基本技能。从事食品质量检验结果审核的人员，不仅要熟悉质量检验基础知识，熟悉食品质量技术法规，掌握质量检验基本技能，还要熟悉食品生产基础知识，熟悉关键工艺基本流程。所有这些，都需要有一定的知识基础作支撑，没有中专以上文化水平，很难胜任食品质量检验工作，不经培训考核，难以保证检验结果的科学性和准确性。

食品质量检验人员基本条件，在执业资格制度实施前，按照以上条件执行；执业资格制度实施以后，按照执业资格制度规定的条件要求执行。

第二节　违规处理

一、对没有《食品生产许可证》从事食品生产加工的企业的处理

《工业产品生产许可证管理办法》(以下简称《办法》)规定，凡在中华人民共和国境内生产并销售列入国家统一制定并公布的《实施工业产品生产许可证制度的产品目录》(对食品而言，指《食品质量安全监督管理重点目录》，以下简称《目录》)的产品，任何企业、单位和个人(以下简称企业)，未取得生产许可证不得生产《目录》中的产品。未取得生产许可证的，而擅自生产该产品的，视为无证生产。《办法》第二十五条规定，企业生产《目录》中的产品，没有按规定取得《食品生产许可证》而擅自生产销售的，由质量技术监督部门责令其停止生产销售、限期取得生产许可证；有违法所得的，没收违法所得，并处违法生产销售产品(包括已出售和未出售的食品)货值金额15％至20％的罚款；造成损失的，依法追究责任。

二、不按规定标注生产许可证编号的处理

《工业产品生产许可证试行条例》规定，凡取得生产许可证的产品，企业必须在该产品、包装或者说明书上标注生产许可证标记和编号。已取得《食品生产许可证》的企业，未按规定要

求在产品、包装或者说明书上标注《食品生产许可证》标记和编号的，由质量技术监督部门按照《中华人民共和国质量法》第五十四条的规定责令改正。

三、不按规定加贴食品市场准入标志的处理

《加强食品质量安全监督管理工作实施意见》规定，取得生产许可证的企业，出厂产品经自行检验或者委托检验合格的，必须加印(贴)食品市场准入标志——QS 标志后方可出厂销售。由此可知，QS 标志既属于质量标志，又属于产品质量检验合格证明的范畴。因此，已取得《食品生产许可证》的企业出厂的产品没有加印(贴)QS 标志的，应视为无产品质量检验合格证明，由质量技术监督部门按照《中华人民共和国质量法》第五十四条的规定责令改正。

四、对企业擅自扩大许可范围生产加工食品的处罚

已获得《食品生产许可证》的企业，在已获证单元中增加规格，应提供由指定检验机构出具的该规格产品检验报告，并由质量技术监督部门按照从简的原则进行审查，必要时可对生产条件进行补充审查。

已获证企业增加申证单元，企业应向质量技术监督部门提出申领生产许可证的申请，并根据相关产品实施细则的规定，进行必要的生产条件审查和产品检验后，可以扩大《食品生产许可证》产品范围。

对未进行补充申请而擅自扩大许可范围生产加工食品的企业，质量技术监督部门对其扩大范围的食品按无证查处，依法给予相应的处罚。

五、企业转让食品生产许可证的处罚

根据《工业产品生产许可证管理办法》的规定，对取得《食

品生产许可证》的企业转让许可证的，由质量技术监督部门吊销其生产许可证。

违法接受并使用他人提供的生产许可证及其编号的，按无证查处，并按照《工业产品生产许可证管理办法》的规定给予处罚。

六、企业伪造他人的食品生产许可证的处理

对国家实行生产许可证制度管理的产品，工业企业必须取得生产许可证，并在产品或者其包装上表明生产许可证标记和编号，方准予销售。《食品生产许可证》属于工业产品生产许可证的一种，若企业没有取得《食品生产许可证》，而伪造或者冒用他人的《食品生产许可证》进行生产，按无证生产进行查处。如果企业的产品或者包装上还标注了虚假的生产许可证标识或者冒用他人的生产许可证标识，还应当根据《中华人民共和国产品质量法》第五十三条规定，没收违法生产、销售的产品，并处违法生产、销售产品货值金额等值以下的罚款；有违法所得的，并处没收违法所得；情节严重的，吊销营业执照。如果在伪造或者冒用他人许可证的过程中，有伪造行政部门公文的情况，应移交公安部门追究刑事责任。

七、产品不合格的处理措施

《中华人民共和国产品质量法》规定，监督抽查产品质量不合格的，由实施监督抽查的产品质量监督部门责令其生产者、销售者限期改正。逾期不改正的，由省级以上人民政府产品质量监督部门予以公告；公告后经复查仍不合格的，责令停业，限期整顿；整顿期满后经复查产品质量仍不合格的，吊销营业执照。监督抽查的产品有严重质量问题的，依照《中华人民共和国产品质量法》第五章的有关规定进行处罚。

八、质量违法行为的处理

各级质量技术监督部门在对食品生产加工企业进行监督检查时，发现企业存在生产不符合保障人体健康和人身财产安全的国家标准、行业标准的产品，生产国家明令淘汰的产品，销售失效、变质的产品，伪造产地，伪造或者冒用他人的厂名、厂址，伪造或者冒用认证标志等质量标志，在产品中掺杂、掺假、以假充真、以次充好，或者以不合格产品冒充合格产品，产品标识存在问题情节严重的等违法行为时，应当依照《中华人民共和国产品质量法》第五章的有关规定予以处罚。处罚的方式主要包括：责令停止生产、销售，罚款。没收违法所得，没收违法生产、销售的产品，没收原辅材料、包装物、生产工具，吊销营业执照等。构成犯罪的，还应当依法追究刑事责任。

九、对违规出具检验报告的检验机构的处理

检验机构开展产品质量检验工作，应当做到科学、公正、廉洁、高效，依法按照有关标准，客观、公正地出具检验结果，不得伪造检验结果或者出具虚假证明。《中华人民共和国产品质量法》规定，产品质量检验机构伪造检验结果或者出具虚假证明的，由质量技术监督部门责令改正，对该单位处5万元以上10万元以下的罚款，对直接负责的主管人员和其他直接负责人员处1万元以上5万元以下的罚款；有违法所得的，并处没苏违法所得；情节严重的，取消其检验资格；构成犯罪的，还应当依法追究刑事责任。若检验机构出具检验结果或证明不实，造成损失的，应当承担相应的赔偿责任；造成重大损失的，撤销其检验资格。

十、食品标识不符合法律规定时应当承担的法律责任

《中华人民共和国产品质量法》第五十四条规定，产品标识不符合该法第二十七条规定的，责令改正；有包装的产品标识不符合该法第二十七条第(四)项关于限期使用的产品，没有在显著位置清晰地标明生产日期和安全使用期或失效日期的、第(五)项关于食用不当，容易造成产品本身损坏或者可能危及人身、财产安全的产品，应当有警示标志或者中文警示说明的规定，情节严重的，责令停止生产、销售，并处违法生产、销售产品货值金额30%以下的罚款；有违法所得的，并处没收违法所得。

企业的出产产品没有加印(贴)QS标志的，视为无产品质量检验合格证明，由质量技术监督部门按照《中华人民共和国产品质量法》第五十四条的规定责令改正。

《工业产品生产许可证试行条例》规定，取得生产许可证的企业，未按照该办法要产品、包装或者说明书上标注生产许可证标记和编号，按照《中华人民共和国产品质量法》第五十四条的规定责令改正。

《查处食品标签违法行为规定》规定，在中华人民共和国境内生产和销售的预包装食品的标签必须符合强制性国家标准《食品标签通用标准》(GB 7718)、《饮料酒标签标准》(GB 10344)、《特殊营养食品标签》(GB 13432)的规定，食品标签不符合上述规定的预包装食品不得出厂和销售。该规定对不符合上述强制性国家标准的行为作出了明确、详细的处理规定。

第六章　农业标准化生产监督

第一节　农业农产品标准化

一、标准与标准化

所谓标准，通俗地讲就是一种规范或者规则，是为了在一定的范围内获得最佳秩序，经协商一致制定并由公认机构批准，共同使用的和重复使用的一种规范性文件。标准是以科学、技术和经验的综合成果为基础，以促进最佳的共同效益为目的。

所谓标准化，就是在一定范围内实施标准，达到合乎标准的状态。标准化与经济社会发展息息相关。如度量衡、长度重量单位的规范，文字的规范，产品质量的规范，生产流程的规范等。

标准化是工业企业生产、管理的基础，是实现规模化、产业化、现代化的最基本前提。工具标准化、零配件标准化、生产管理标准化已成为有关企业、产业进行国内外合作、开展国际贸易的基础。

随着经济全球化不可逆转的过程，特别是信息技术高速发展和市场全球化的需要，要求标准化摆脱传统的方式和理念，不仅要求以传统的理念处理问题，而且要尽快建立与经济全球化相适应的标准化体系。不仅工业标准化要适应产品多样化、中间（半成品）简单化（标准化）乃至零部件及要素标准化的需求，而且随着生产全球化和虚拟化的发展以及信息全球化的需要，组合化和接口标准化已成为标准化发展的关键环节。

二、标准化的主要作用

（一）为科学管理奠定了基础

所谓科学管理，就是依据生产技术的发展规律和客观经济规律对企业进行管理，而各种科学管理制度的形成，都是以标准化为基础。

（二）促进经济全面发展，提高经济效益

标准化应用于科学研究，可以避免在研究上的重复劳动；应用于产品设计，可以缩短设计周期；应用于生产，可使生产在科学和有秩序的基础上进行；应用于管理，可促进统一、协调、高效率等。

（三）标准化是科研、生产、使用三者之间的桥梁

一项科研成果，一旦纳入相应标准，就能迅速得到推广和应用。因此，标准化可使新技术和新科研成果得到推广应用，从而促进技术进步。

（四）标准化为组织现在化生产创造了前提条件

随着科学技术的发展，生产的社会化程度越来越高，生产规模越来越大，技术要求越来越复杂，分工越来越细，生产协作越来越广泛，这就必须通过制订和使用标准，来保证各生产部门的活动，在技术上保持高度的统一和协调，以使生产正常进行。

另外，标准化还能促进对自然资源的合理利用，保持生态平衡，维护人类社会当前和长远的利益；合理发展产品品种，提高企业应变能力，以更好地满足社会需求；保证产品质量，

维护消费者利益；在社会生产组成部分之间进行协调，确立共同遵循的准则，建立稳定的秩序；在消除贸易障碍，促进国际技术交流和贸易发展，提高产品在国际市场上的竞争能力方面具有重大作用；保障身体健康和生命安全。大量的环保标准、卫生标准和安全标准制订发布后，以法律形式强制执行，对保障人民的身体健康和生命财产安全具有重大作用。

三、农业标准化及实施的重大意义

农业标准化，简单地讲就在农业生产与管理活动中，通过制订和实施标准，把农业产前、产中、产后各个环节纳入标准生产和标准管理的轨道。

根据标准及标准化的含义，可以看出，农业标准化是通过把先进的科学技术和成熟的经验组装成农业标准，推广应用到农业生产和经营活动中，把科技成果转化为现实的生产力，从而取得经济、社会和生态的最佳效益，达到高产、优质、高效的目的。它融先进的技术、经济、管理于一体，使农业发展科学化、系统化，是实现新阶段农业和农村经济结构战略性调整的一项十分重要的基础性工作。

农业标准化是一个综合体系，包含农业标准化核心体系建设和农业标准化支撑保障体系建设两部分。农业标准化核心体系建设可细分为农业标准的制(修)订、标准发布及实施。标准的实施则包括标准的示范与推广(示范基地、标准化基地建设)；农业检验监督体系建设；认证体系建设和执法监督体系建设等。农业标准化支撑保障体系建设则包括生产组织管理体系、标准推广研究体系、社会化服务体系、宣传推广体系、投资保障体系等，是农业标准化得以顺利推行的关键。农业标准化的核心体系与保障体系是相互联系、相互影响的，任何一个部分的缺失都会影响农业标准化的实施。

四、推行农业标准化的重要意义

发展农业标准化，是新世纪推进农业产业革命的战略要求，也是提高经济效益、增加农民收入、实现农业现代化的迫切要求。没有农业标准化，就没有农业现代化。

发展农业标准化是农产品质量和消费安全的根本保障。近些年，因农药残留和其他有毒有害物质超标，导致的农产品污染和中毒事件虽有所减少，但仍然对广大消费者身体健康和生命安全造成一定威胁。解决这一问题的根本措施，就是要逐步实现从农产品生产的标准化。尽快建立起与现代农业和农村生产力发展水平相适应的农产品质量安全标准体系、检验检测体系和产品认证体系三大保障体系，确保农业标准化的实施。

发展农业标准化是进农业科技成果转化和推进产业化经营的有效途径。标准是科技成果转化的载体，是科技成果的集成。农业科技成果一旦转化为标准，转化为生产力，就能够有几倍或几十倍的回报，从而提高农业劳动生产率和效率。农业产业化经营是新时期推进农业和农村经济发展的重要组织形式。农业产业化的实施过程，既是农产品生产、加工、流通行为标准化的过程，又是规范千家万户农民生产行为和应对千变万化农产品市场的过程。

农业标准化是增强农产品国际竞争力的重要手段。加入WTO后，我国农产品出口企业不同程度地受到国外技术壁垒的影响。近些年，我国农产品因农药残留和其他有毒有害物质含量超过国际通行的食品质量安全标准，被拒收、扣留、退货、销毁、索赔和中止合同的现象时有发生，导致许多传统大宗出口创汇农产品被迫退出国际市场，给我国对外贸易造成了巨大损失，是非常值得我们深思的。大力发展农业标准化是当务之急。

发展农业标准化是农业和农村经济结构战略性调整的必然

要求。农业结构战略性调整，一个最为重要的目标就是要实现优化结构、提高质量和效益。实现这个目标，就必须大力发展农业标准化，包括农产品生产、加工、包装、储藏、流通等诸环节，并以此来带动农业生产专业化和区域化，进而推动农业的战略性结构调整。

实施农业标准化是传统农业向现代农业转变的重要措施。现代农业是针对传统农业而言，是工业化、市场化、信息化和高新科技化农业，现代农业是在传统农业基础之上不断发展、完善、提高的最终结果。这个由量变到质变的过程，得益于市场发育的快速催生和科学技术的飞跃发展，而这整个变化的过程都是以农业标准化为技术基础的。农业标准化代表了现代农业发展的基本要求，是传统农业向现代农业转变的重要桥梁和纽带。

第二节　农业标准化实施

一、标准的制订

健全的标准体系是实施农业标准化的前提。目前，我国已颁布了相当数量的农业国家标准和行业标准，山东省也颁布了一批农业地方标准，包括农作物种子、种植业、养殖业等各个方面。目前，山东省农业标准体系建设的主要任务是在已有国家、行业标准的基础上，以市场需求为导向，以与农业增效、农民增收关系最密切的产业或农产品为主要对象，加快标准的制订步伐，以便为推行农业标准化生产提供技术支撑。

目前最需要的标准是“菜篮子”产品及名特优稀产品的生产技术标准。标准有三类：以解决农产品质量安全为目标的无公害标准；以面向国内市场、以创品牌争名牌为目标的绿色食品标准；以生产高端消费产品或以国际发达国家市场为目标的有机食品标准。对于以出口为主的一些地区或企业，还可以动态地按照出口国的需求，制订相应的标准。

标准的制订是由国家、省或市、县(区)有关部门制订的。一旦标准制订并发布后，广大生产者就可以遵照执行。

二、标准的推广

标准的推广应用是农业标准化工作的主要任务。标准推广首先就要将相应标准集成或转化成为通俗易懂、简单明了、便于操作的“明白纸”或操作规程，让广大生产者更容易理解和掌握。其次就是进行标准的培训。培训形式多种多样，可通过媒体进行宣传推广，如电视、报刊、发放光盘等；通过科技下乡活动、科技大集等活动，发放资料，现场答疑；举办专题讲座、专题培训班，送标准到村、到户；现场进行指导。通过多形式的宣传培训，最终让广大生产者认识标准、掌握标准、应用标准。

标准化的推行必须坚持因地制宜、循序渐进的原则。在标准推行之初，当人们对标准化尚处陌生阶段，为加快标准的推广，各地应首先选择易于种养、周期短、对农民收入影响较大的优势品种，可以通过示范户、示范村、或通过政府部门建立标准化示范区等多种形式进行示范。通过开展示范，积累经验，树立典型，以点带面。

为了加快推行农业标准化生产，国家专门出台了相关文件，制订了系列措施。2006 年 10 月 1 日开始实施的《农产品质量安全法》就农业标准化生产做出了明确规定。标准的制订和标准化的推行是各级政府的重要职责。按标准进行生产则是广大生产者规范生产的必然选择；执行安全标准，按安全标准进行生产，则是广大生产者应尽的义务。

第三节 农业标准化示范基地的建设

一、标准化基地建设

建设标准化基地是现行农村经营体制下最主要的标准化推行形式。从当前看，它符合我国人多地少、分散经营、农村劳动力科技素质普遍偏低、标准化意识普遍淡薄的国情，具有极强的示范性、带动性。从实践看，也是扩大优质农产品知名度和信誉度，促进农民增收、农业增效的现实选择。目前，山东省农业标准化基地建设的模式大约有四种，根据标准化实施主体对农业标准化拉动作用大小，可以分为龙头企业带动型、市场带动型、合作组织或专业协会带动型、政府带动型。

(一)龙头企业带动型

龙头企业带动型，是以国际国内两个市场为导向，以一个或几个经济实体(加工、冷藏、运销等)为龙头，以众多的农业生产者为基础，通过利益吸引，形成生产、加工、销售一条龙的经营体系，使企业和农户结成风险共担、利益均沾的经济利益共同体。龙头企业根据市场需求与农业生产者(农业生产单位或农户)签订合同，按照标准要求建立专业化的农产品原料生产基地，并提供配套服务，扶持生产，培植货源；农业生产者按合同和标准要求进行定向生产，按时按量交售产品；龙头企业按合同收购产品并对其按一定质量标准要求进行系列化加工后，销往国内外市场，从而达到大幅度提高农产品附加值，提高企业效益，增加农民生产收入的双赢目标。

(1)适用条件。企业规模足够大，效益比较好。企业要有能力应对市场变化，有能力为农户带来不错的收益。龙头企业可以是一个，也可以是龙头企业群。龙头企业要有品牌。与标准化基地生产基地关联密切，突出表现在把标准化基地作为企业的原料基地并具有订单关系。年加工转化能力与标准化基地相关农产品的产量比值要高，一般应在在 0.8 以上甚至更高，这是衡量加工企业对标准化基地建设带动能力强弱的一个标志。企业与农户要实现利益共享，风险共担。特别要注重标准化基地农户实现比传统生产方式获得更大收益的几率要高。当地政府把发展农业产业化作为农业经济发展的战略，进行重点支持。

(2)运作方法。在运作组织形式上，一般采用“龙头企业＋基地＋农户”“龙头企业＋协会＋基地＋农户”“龙头企业＋协会＋农户”以及“龙头企业＋基地”“外向型农业＋龙头企业＋基地”等方式；在服务方式上，一般由专业协会、村级经济合作组织或其他社会服务组织、或企业直接为农民搞好农业投入品供应、技术指导、产品集中收购销售等服务；在质量仲裁上，由企业或社会公共机构负责；在利益衔接上，一般采取签订合同的方式来保证。

(3)综合评价。这种模式把工业的管理模式引进到农业，靠市场经济机制运行，由龙头企业负责判断市场，承担风险，较好地解决了成千上万分散农户与千变万化的市场需求之间的矛盾，避免了农户进行生产选择的盲目性、经营方式的封闭性、商品交换的滞后性和比较利益的制约性，很有生命力。优点是能够提高组织化程度，有利于实现小生产与大市场的对接，有利于生产要素的流动和组合，有利于农业的规模经营和实行标准化生产，有利于提高农业的比较效益和保护农民利益，有利于提高农业整体市场竞争力。缺点也是来自市场风险，农民对企业的依赖性强，一旦龙头企业出现经营危机，或者遭遇市场变动，对农产品生产即标准化基地将是致命打击。典型案例：如莱阳龙大、诸城市肉鸡标准化生产基地建设。

（二）市场带动型

如果一个地区内建有大型农产品专业批发市场，如蔬菜、水果批发市场等；或标准化基地没有专业市场，而有场地挂钩、供货关系稳定的外埠市场。由于作为经济实体，可以引导所在地区的农户，以及市场辐射作用所覆盖地区的农户，按照市场需要对农业产业结构自发调整。随着市场的不断扩大，农民从市场渠道得到的收益也不断增加，农业产业结构自发性调整的力度也不断增强。标准化基地农户利益与市场利益联系日益紧密。市场为了自身发展需要，对进入市场的农产品提出强制性质量要求即市场准入，写此同时，优质优价的机制不断得到完善。这就促使农户为了实现农产品能够上市销售而且能够获得较高价格，必须按照标准化生产方式，提高农产品质量。这种通过建设和完善当地市场，开拓外埠市场，拓宽农产品销路，牵动优势产业扩大生产规模，形成专业化、标准化、系列化生产的组织方式，就是市场带动型。“市场＋协会＋基地（标准化基地）＋农户”“市场＋合作组织＋农户”“市场＋基地（标准化基地）＋农户”“场地（标准化基地）挂钩”等生产组织形式，都属于市场带动型。这里的市场既包括本地大型专业批发市场，也包括与标准化基地有场地挂钩联系的外埠市场。

(1)适用条件。市场规模与辐射能力要大要强。市场设施及管理制度是否完善。如果一些信息、质量检测等设施不健全，市场准入等管理制度不完善，就会影响交易的公平性，不但对市场发展有影响，而且直接影响标准化基地的质量观念和生产方式。市场与标准化基地生产基地的相关程度。定性地看，标准化基地应是市场经营商品的重要来源基地，或者是与标准化基地签订了场地挂钩协作关系；定量地看，主要是看标准化基地农产品在专业批发市场销售产品总量中所占比重，大于 60％可以采用这种类型。

(2)运作方法。在组织形式上，一般采用“市场＋协会＋基地(标准化基地)＋农户”“市场＋合作组织＋农户”“市场＋供销企业＋合作组织＋农户”“市场＋基地(标准化基地)＋农户”“场地(标准化基地)挂钩”等方式；在服务方式上，一般由专业协会、村级经济合作组织或其他社会服务组织为农民搞好农业投入品供应、技术指导、产品集中收购销售等服务；在质量仲裁上，由市场或社会公共机构负责；在利益衔接上，一般采取场地签订生产供货协议，但不保证价格，风险由农户或合作组织承担；部分由供销企业收购的，也不同于龙头企业带动型，价格也会随行就市。

(3)综合评价。这种模式，是典型的运用市场杠杆调节农业生产经营活动的农业生产经营方式，农民(或合作组织)直接面对市场。优点是组织灵活，价格透明度高，市场和价格规律对农业结构调整的拉动力大。缺点是直接进入市场的农户与市场的利益衔接、利益分配及保障机制规范性差，农产品价格不稳定、波动性大，农民收益不稳定。典型案例：如寿光蔬菜批发市场、济阳曲堤黄瓜批发市场等。

(三)合作经济组织(专业协会、行业协会)带动型

在我国，虽然农业从业人口占总人口的80%，但农业是弱势产业，农民是弱势群体，小规模分散的经营方式难以抵御市场风险，难以与国外农产品相竞争。为了有效地降低市场风险，提高竞争力，有共同生产经营目标的、符合生产标准的农户联合起来，组成合作社、农民协会等合作经济组织。合作经济组织作为一个法人实体，通过与入会(社)农户签订生产供销合同，组织、约束农户按照农业标准、技术规程的要求进行农产品生产，并负责统一加工、包装、贮运、销售工作。合作社作为标准化产品商标的持有人，负责组织申请农产品质量认证，承担产品质量保证责任。专业协会也是合作组织的一种组织形式。

行业协会是由具有共同性目标的行业成员自愿参加，以促进社会发展进步及维护成员合法权益为宗旨，经过法律程序组织起来的，从事社会公益活动的、非营利的、具有法人地位的社会团体。行业协会的任务主要是搞好本行业管理，协调本行业内部成员的关系，积极参与行业与政府之间的协调，起到双向促进、双向服务的职能。行业协会是产业纵向合作组织形式，它为同一类农产品从产前、产中到产后的保鲜、贮藏、加工、运销各环节提供服务。为提高商品交易率，降低交易成本，行业协会严格农产品质量标准，规范生产、加工技术和产品等级标准，实行会员自律。

一个地区以合作经济组织或行业协会为核心，采用"市场＋合作经济组织(专业协会、行业协会)＋农户""企业＋合作经济组织(专业协会、行业协会)＋农户"的方式组织生产，就是合作经济组织(专业协会、行业协会)带动型。

(1)适用条件。标准化基地农产品加工龙头企业、专业批发市场或外埠市场主导作用不明显。标准化基地内龙头企业或专业批发市场与农户联系不密切。产业特点突出，有竞争优势。组织内有开拓市场的能人。合作组织内农户有共同的目标。

(2)运作方法。在组织形式上，一般采用"市场＋合作经济组织(专业协会、行业协会)＋基地(标准化基地)农户""市场＋供销企业＋合作经济组织(专业协会、行业协会)＋农户""企业＋合作经济组织(专业协会、行业协会)＋基地(标准化基地)农户"等方式，但是合作组织不单纯面对一个市场、一个企业，根据市场信息可以及时调整销售方向；在服务方式上，由经济合作组织统一为农户搞好农业投入品供应、技术指导、产品集中收购销售等服务；在质量管理和仲裁上，合作组织内农户自觉按规程进行生产，由合作组织内部先进行质量自检控制，由市场、企业或社会公共机构负责质量抽检；在利益衔接上，农业投入品统一按进价销售，农产品统一价格收购并组织销售，利润和费用平摊。

(3)综合评价。合作组织带动型这种模式，是典型的农民结盟面对市场的生产经营方式。这种模式有效地解决了农户生产分散、规模狭小、技术落后、资金匮乏与农业标准化要求之间的矛盾，优点是组织灵活，市场转向快，价格透明度高，市场和价格规律对农业结构调整的拉动力大，生产风险由农户共担，实际运行效果较好。缺点是规模优势不强，对市场的影响小，市场对价格影响还是比较大，农民收益仍有较大的不稳定性。典型案例：如泰安市岱岳区农业标准化综合标准化基地。

(四)政府主导型

农业标准化的外部性特征决定了农业标准化需要政府部门的强有力支持。农业标准化投资的相当部分具有公共产品的性质。这要求政府在农业标准化工作中起主导作用，并成为主要的投资者。我国农业和农村的现实情况也决定了农业标准化需要政府主导。我国的农业生产仍然以小规模的家庭生产为主，农民总体科技文化素质不高，对农业标准化知识的掌握还很欠缺，在缺乏有效监督的情况下，难以有效地自觉地贯彻农业标准。依靠农户自身解决产品的标准化是不大可能的。

政府的主导作用贯穿在农业标准化整个过程中，从标准的制订管理、标准实施直到标准监督落实，都离不开政府的管理和支持。推进农业标准化，要充分发挥政府行政职能，应建立健全法律法规，加强政府队伍建设，为农业标准化提供政策支持，加强农业标准化体系建设，在国际上搞好沟通，促进国际间的交流与合作。基层管理部门应该积极进行标准的组织实施，对农户进行培训，扶植地方性龙头企业。

在实施标准化过程中，如果一个地区内既有市场，或有龙头企业，或有合作组织，或三者均有，但对农业标准化的带动作用都不明显。这就需要政府给予强有力的干预和引导，根据市场需求，依靠行政措施在标准化基地进行产业结构调整，扶持企业，帮助合作组织，搞好市场服务，实施认证和产品品牌战略，加强农业基础设施建设。这一模式就是政府主导型模式。

(1)适用条件。经济较发达，上述3种模式带动作用不明显的地区。

(2)运作方法。在组织形式上，一般采用行政引导手段运作。如对龙头企业和标准化基地农户，采取政府出面，由企业和村委会签订定单合同；对标准化基地产地环境，采取行政措施加以保护；对农业投入品的管理，以政府令的形式强制管理；对市场建设，加大政府投入力度，制订行政性的管理措施等。在服务方式上，政府机构免费为农民、为经济合作组织提供技术指导、技术培训，帮助企业培育品牌；帮助织企业、合作组织寻找市场等。在质量管理和仲裁上，积极建设质检中心，对农产品组织例行检测。在利益衔接上，政府提供无偿服务，同时监督企业落实定单农业合同，监督农业投入品质量和价格，努力保护农民利益。

(3)综合评价。政府主导型这种模式，是典型的行政干预农业经济活动的方式，国外农业标准化发展过程中也有不同程度的政府干预。优点是组织比较严密，协调能力比较强，对标准化基地内各方的公平性也比较强，能够从宏观上了解和把握市场动向，指导有关单位和人员决策。缺点是政府部门容易承担不必要的市场风险和责任，往往会出现“好心做坏事、好心不得好报”的现象，而且责任人不清，容易引起干群矛盾。典型案例：如安丘市农业标准化建设。

二、标准化基地建设的基本条件

基地必须按照“龙头＋基地＋农户”的产业组织形式，实现农业产业化与农业标准化的有效结合，达到产销对接、优质优价的目的。“龙头”可以是农产品加工企业、批发市场，也可以是超市配送中心、农村合作经济组织、农业专业协会等。

基地必须具备一定规模，具体因龙头规模的不同各异。基地要有明显的标志，有明确的界限，相对集中。

基地必须选择在农业生态环境良好，没有受工业“三废”及农业废弃物、医疗污水和废弃物以及生活垃圾污染的区域。基地环境条件最低应符合无公害农产品相关产地环境标准。

基地必须有相关农产品标准或种植技术规范，并严格按照技术规范组织生产。

基地应按一定比例配备技术人员，定期进行技术指导和培训，指导科学合理使用化肥、农药等农业投入品。

基地种植的农作物应当优先使用优良品种；基地应建立农资专供点，实施农业投入品(种子、农药、化肥)的购进、使用、保管登记制度。基地严禁购进和使用国家禁止生产、销售、使用的农药。

基地要有规范的田间管理档案。

建立相应的管理制度，包括统一服务制度、质量检测制度、档案管理制度等。

基地必须申报无公害农产品、绿色食品、有机食品认证，并通过其中一种认证。

规模较大的基地应配备农药残留检测设备，并能坚持自检。检测结果要建立档案并妥善保存 1 年以上。

有条件的基地要培育自己的品牌。包装销售的产品要如实填写销售记录，基地销售记录要完整保存 2 年。

建立产品质量追溯制度。出售的产品应在包装上印注标识，或在包装袋、包装筐等无法印注标识的包装物内放置标识卡、标识牌、标识条等，做到一旦出现质量问题，能够按标识追溯到具体生产者。

以农户为基本生产单元的基地，“龙头”应与农户签订质量安全责任书，并通过各种方式建立与农户的质量追溯机制。

基地必须明确管理责任人，对基地的建设管理及产品质量负总责；必须明确生产技术负责人，对基地生产和管理技术负总责。

三、食品原料标准化生产基地的概念

食品原料标准化生产基地，是指产地环境质量符合食品有关技术条件要求，按食品技术标准、生产操作规程和全程质量控制体系实施生产和管理，并具有一定生产规模、生产设施条件及技术保证措施的种植区域、养殖场所和加工企业，它是农业标准化工作的重要组成部分。根据产品类别不同，食品标准化生产基地可以分为 3 种，即食品原料生产基地、食品加工品生产基地和食品综合生产基地。

四、创建食品生产基地的条件和要求

作为合格的食品基地，必须符合一定的标准，达到一定的要求。一般说来，食品生产基地必须满足一定的基本条件和达到特定的要求。

(一)食品生产基地的基本条件

·食品生产基地所在县级政府有专门机构负责农业标准化工作和食品工作，对标准化生产有规划、措施和经费保证；

·基地环境符合《食品产地环境技术条件》(NY/T 391—2000)的要求，基地内无“三废”和城市等污染源；

·有食品生产的工作基础，农业生产基础设施配备齐全，农业技术推广服务体系健全；

·农产品生产者(农户)具有建设标准化基地的要求和积极性。

(二)食品生产基地的建设的要求

1. 食品必须是基地的主导产品，必须达到规定的生产规模

食品加工品生产基地必须同时符合下列条件：①食品加工品必须为该单位的主导产品，其产量或产值占该单位总产量或总产值的60%以上；②达到大、中型企业规模(以资产衡量)。不同类型的食品原料基地面积和规模具有不同的要求，下表给出了不同主导产品的食品基地所应达到的规模。

表 食品产品基地必须达到的生产规模

产品类别	生产规模
粮食、大豆类	1 333 hm^2 以上 *
蔬 菜	大田 67 hm^2 以上 *(或保护地 13 hm^2 以上)
水 果	333 hm^2 以上
茶 叶	333 hm^2 以上
杂 粮	67 hm^2 以上
蛋 鸡	年存栏 15 万只以上
蛋 鸭	年存栏 5 万只以上
肉 鸡	年屠宰加工 150 万只以上
肉 鸭	年屠宰加工 50 万只以上
奶 牛	成乳牛存栏数 400 头以上
肉 牛	年出栏 2 000 头以上
猪	年出栏 5 000 头以上
羊	年出栏 5 000 头以上
水产养殖	粗养面积 667 hm^2 或精养塘 33 hm^2 以上 * * * 或网箱养殖面积 1 000 m^2 以上

注：

* 因地域、产品差异，该类生产规模可适当调整；

* * 每头年产奶 4 000kg 以上的为成乳牛；

* * * 精养塘面积包括苗种池、养成池

2. 建立协调组织管理体系

食品基地是一项涉及面广、环节较多的系统工程，县级政府应成立专门的食品管理机构和基地办，统一指导和协调基地建设工作，并负责基地技术服务体系和质量保障体系的建立；基地各乡(镇)具体承担基地技术指导和生产管理工作。

3. 建立完善的生产管理体系

基地办统一负责基地生产管理，建立县、乡、村、户生产管理体系，县乡村三级技术管理簿册齐全，农户应有食品生产操作规程，有生产者使用手册，有基地投入品清单，有田间生产管理记录和生产收购合同。基地办应按照食品技术标准制定统一的生产操作规程，并下发到乡村和农户。基地应建立统一优良品种、统一生产操作规程、统一投入品供应和使用、统一田间管理、统一收获的“五统一”生产管理制度。

基地应有显著基地标识，标明基地名称、基地范围、基地面积、基地建设单位、基地栽培品种、主要技术措施、有效期等内容。

建立生产管理档案制度和质量可追溯制度。建立统一的农户档案制度、绘制基地分布图和地块分布图，并进行统一编号。农户档案应包括基地名称、地块编号、农户姓名、作物品种及种植面积、基地办应建立统一的“田间生产管理记录”，并下发到农户。田间生产管理记录由农户如实填写，内容应包括生产地块编号、种植者、作物名称、品种、种植面积、播种(移栽)时间、土壤耕作及施肥情况、病虫草害防治情况、收获记录、仓储记录、交售记录等。田间生产管理记录应在产品出售后 10 日内提交基地办存档，并完整保存 3 年。

4. 建立行之有效的农业投入品管理制度

建立基地用农业投入品公告制度，主管部门要定期公布并明示基地允许使用、禁用或限用的农业投入品目录；建立基地农业投入品市场准入制，从源头上把好投入品的使用关；有条件的基地应建立基地农业投入品专供点，对农业投入品实行连锁配送和服务；建立监督检查制度，基地办要组织力量对基地生产中投入品使用及投入品市场进行监督检查和抽查。

5. 建立完善的科技支撑体系

依托农业技术推广机构，组建基地建设技术指导，引进先进的生产技术和科研成果，提高基地建设的科技含量；根据需要配备食品生产技术推广员，建立推广网，负责技术指导和生产操作规程的落实；制订培训计划，加强对基地各有关领导、生产管理人员、技术推广人员、营销人员培训工作，做到持证上岗；组织基地农户学习食品生产技术，保证每个农户至少有一名基本掌握食品生产技术标准的人。接受食品知识培训的专业技术人员，应占该单位职工总人数的5%以上。从事食品生产技术推广人员及直接从事食品生产的人员，必须经过培训。

6. 基地设施建设和环境保护

建立基地保护区，不得在基地方圆5km和上风向20km范围内新建有污染源的工矿企业，防止工业“三废”污染基地。基地内畜禽养殖场粪水要经过无害化处理，施用的农家肥必须经高温发酵，确保无害；加强山、水、林、田、路综合治理，不断改善和提高基地的生产条件和环境质量；必须具备良好的生态环境，并采取行之有效的环境措施，使该环境持续稳定在良好状态下。加强农田水利基本建设，逐步实现旱能浇、涝能排的农田水利化；加强基地道路建设；建立检疫体系或依托具有一定资质的检测机构，加强对基地投入品、基地产品和基地环境的检验检测；必须具备较完善的生产设施，保证稳定的生产规模，具有抵御一般自然灾害的能力；建立信息交流平台，实现与中国食品网链接，做到生产、管理、贮运和流通信息网上查询。

7. 建立监督管理制度

基地应有专业的人员和队伍负责基地生产档案记录的管理；由相关部门组成的监督管理队伍，加强对基地环境、生产过程、投入品使用、产品质量、市场及生产档案记录的监督检查。

8. 制定相应的技术措施和规章制度

食品种植单位必须制定食品作物生产计划、病虫害防治措施、杂草防治措施、轮作计划、农药使用计划及仓库卫生措施；食品养殖单位必须制定养殖计划、疫病防治措施、饲料检验措施(含饮用水)、畜舍清洁措施；食品生产单位还必须建立严格的档案制度，详细记录食品的生产情况、生产资料购买使用情况、病虫害发生处置情况等。

9. 产业化经营

食品生产基地依托龙头企业，充分发挥龙头企业的示范带动作用，特别是在产品收购、加工和销售中的组织保障作用；基地、农户应与龙头企业签订收购合同(协议)。

五、食品原料标准化基地的申请、验收和监管

(一)创建申请

创建食品原料标准化基地，要由县级人民政府向省绿办提出创建基地书面申请报告，填写《创建全国食品原料标准化生产基地申请书》，并附报有关材料。材料包括：

·《创建全国食品原料标准化生产基地申请书》及《保证执行食品标准及标准化生产基地建设要求的有关声明》；

· 成立基地建设领导小组的文件(含成员名单职能)；

· 成立基地建设办公室的文件(含成员名单职能)；

· 基地各单元基地建设责任人、具体工作人员名单；

· 生产操作规程；

· 基地分布图及地块分布图；

· 基地和农户清单，田间生产管理记录，收获记录，仓储记录，交售记录和《食品生产者使用手册》；

· 基地生产管理制度；

· 农业投入品管理制度；

· 技术指导和推广制度；

· 培训制度；

· 基地环境保护制度；

· 监督管理制度(包括检验检测制度)；

· 基地产业化经营龙头企业基本情况及其与各基地单元签订的收购协议和合同；

· 省绿办现场考察报告；

· 环境监测任务委托书；

· 基地环境质量监测及现状评估报告；

· 基地标识牌设计样。

(二)考核验收

省绿办对申请材料进行初审，对初审合格的基地进行现场考察，并委托食品定点环境监测机构对基地进行环境质量监测和现状评估；省绿办将考察报告、基地环境质量及现状评估报告、申请材料和推荐意见报农业部绿办和中心；农业部绿办和中心组织有关专家对各地绿办推荐的申请材料进行评审。符合基地创建条件的，由农业部绿办和中心正式批准，并与基地县、省绿办签订创建任务书；基地创建期为一年。经创建和自查，符合验收条件的，由县级人民政府经省绿办向农业部绿办和中心书面提出验收申请。根据(农绿〔2006〕6 号)文精神，验收的要求和办法如下。

·标准化基地验收，遵循公开、公平、公正、科学、真实的原则。标准化基地创建单位及参与单位和个人提供的相关材料和信息应全面、真实有效。

·标准化基地验收采取创建单位自查与农业部绿办和中心统一验收相结合的方法，农业部绿办和中心在创建单位自查的基础上，组织统一验收。

·农业部绿办和中心统一组织管理标准化基地验收工作。各省食品管理机构参与、协调所辖区域标准化验收工作，或受农业部绿办和中心委托，负责组织所辖区域标准化基地验收工作。验收组人员名单由农业部绿办和中心统一确定。

·申请验收应具备的条件：①创建期满，达到了标准化基地创建的要求；②自查结论合格；③创建的各种档案资料齐全；④基本达到了标准化基地创建的目标。

·经自查符合验收条件的，创建单位应当经省绿办向农业部绿办和中心提出验收申请。提交申请时，应附报自查报告。

·农业部绿办和中心对创建单位提交的申请和有关材料进行审查，对符合验收条件的，依据食品生产技术标准或规范、《关于创建全国食品标准化生产基地的意见》、国家有关法律、法规、规章、验收项目、评分标准进行验收。

·验收工作采取资料审查和现场核查相结合的方式，包括听取汇报、资料审查、实地检查、随机访问农户和产业化经营企业，验收组充分协商，按验收评估的有关要求逐项填写验收表格，并评分。

·验收采取单项评分、综合评估的办法、总分为 100 分，评分 85 分以上为合格，85 分(含)以下为不合格。

·验收组向农业部绿办和中心提交验收报告及验收有关表格。农业部绿办和中心主任做出颁证决定。

·创建单位与农业部绿办和中心签订标准化基地建设责任

书。农业部绿办和中心授予创建单位“全国食品原料 * *（作物名称）标准化生产基地”称号，颁发匾牌和证书，并进行公告。

· 验收不合格者，农业部绿办和中心根据验收情况，可批准验收评估 60～85 分的创建单位继续保留 1 年期的创建资格，60 分以下的，直接取消创建资格，两年内不再受理其创建标准化基地的申请。

· 创建期满后 3 个月内，未向农业部绿办和中心提出验收申请的，视为自动放弃创建资格。农业部绿办和中心将在有关媒体上对自动放弃创建资格的单位进行公告。

（三）监督管理

基地监督管理，是指农业部食品管理办公室（简称农业部绿办）和中国食品发展中心（简称中心）及其委托管理机构（简称省绿办）对基地建设单位的食品标准化生产管理和产业化经营等实施监督、检查、考核、评定等。所有基地建设单位，每年都必须接受由农业部绿办和中心统一组织的监督管理。

1. 组织实施

基地监督管理工作由农业部绿办和中国食品发展中心及省绿办负责组织实施。农业部绿办和中国食品发展中心的工作职责是：①制定基地监督管理工作的有关规定；②组织开展基地监督管理工作；③指导和考核省绿办基地监督管理工作；④组织对重点基地进行监督抽查；⑤依据有关规定，对年度检查不合格的基地做出取消基地称号的决定并予以公告；⑥向食品系统通报有关基地监督管理工作的情况。

省绿办的工作职责是：①负责所辖区域内基地监督管理工作组织实施；②根据农业部绿办和中心的有关规定，制定当地的基地监督管理工作实施细则，并报农业部绿办和中心备案；③依据有关规定，对基地建设单位年度检查做出结论，并报农业部绿办和中心备案；④配合农业部绿办和中心对所辖区域内的重点基地实施监督抽查；⑤完成农业部绿办和中心委托的其他基地监督管理工作。省绿办应建立完整的基地监督管理工作档案。档案材料应包括基地单位创建申报材料、《全国食品原料标准化生产基地证书》复印件、基地年度自查报告、省绿办年度检查报告、《全国食品原料标准化生产基地监督管理综合意见表》等。

2. 基地监督管理方式

· 年度检查由基地建设单位自查、省绿办实地检查、农业部绿办和中心备案审查组成。

· 自查是基地建设单位按照基地建设的标准和验收要求，对基地标准化生产运行的实际情况进行检查，并做出自我评价。

· 实地检查是指省绿办对基地标准化生产的落实情况及保障体系运行情况等进行现场检查。

· 实地检查应在作物（动物）生长期实施。实地检查不得少于听取汇报、资料审查、现场检查、访问农户和产业化经营企业、总结等工作环节。要求对每个工作环节进行拍照，并附在年度检查报告后。

· 实地检查的主要内容应包括基地建设组织管理体系、生产管理体系、农业投入品管理体系、技术服务体系、监督管理体系、基础设施体系和产业化经营等运行的基本情况。

3. 基地监督管理结论处理

· 省绿办应于每年 11 月 20 日前将基地自查报告、基地检查报告及综合意见表报农业部绿办和中国食品发展中心备案。

· 年度检查结论为整改的基地建设单位必须于接到省绿办通知之日起 3 个月内完成整改，并将整改措施和结果报省绿办申请复查。省绿办应及时组织整改复查并作出结论。三个月不提复查申请或复查不合格的，由省绿办报请农业部绿办和中国食品发展中心取消其全国食品原料标准化生产基地称号。

· 对年度检查结论为不合格的单位，省绿办在作出结论后应立即报请农业部绿办和中心取消其全国食品原料标准化生产基地称号，并负责收回证书及匾牌。

· 农业部绿办和中国食品发展中心对省绿办上报的材料进行备案审查，并以文件的形式对基地年度监督管理的结果进行确认并下发。对于监督管理结论为不合格的基地，农业部绿办和中国食品发展中心将在有关媒体上进行公告，两年内不再受理其创建申请。

· 基地建设单位对省绿办年度检查结论有异议的，可在接到省绿办通知之日起 15 日内，向农业部绿办和中国食品发展中心提出复议申请，农业部绿办和中国食品发展中心于接到复议申请 30 个工作日内作出决定。

· 由于不可抗拒的外力原因而致使基地丧失了建设条件的，基地建设单位应及时经省绿办向农业部绿办和中心提出暂停使用全国食品原料标准化生产基地称号的申请，并将基地证书和匾牌交省绿办。待条件恢复后，经省绿办实施验收合格后再行恢复其称号。

· 由于生产管理等原因而致使基地不符合建设条件的，基地建设单位应及时经省绿办向农业部绿办和中心提出停止使用全国食品原料标准化生产基地称号的申请，并将基地证书和匾牌交省绿办。基地建设单位由于其他原因，也可自愿申请停止使用全国食品原料标准化生产基地称号，并将基地证书和匾牌交省绿办。农业部绿办和中国食品发展中心对上述两种情况在有关媒体上进行公告。

4. 考核与奖惩

农业部绿办和中国食品发展中心对省绿办的基地监督管理工作进行年度考核，对基地监督管理工作业绩显著的机构和人员予以表彰和奖励；对工作中出现严重失误或违反有关规定，造成不良后果的机构，给予通报批评，并追究有关人员及其分管领导的责任。

六、食品企业使用基地原料的有关规定

为实现食品申报企业和生产企业与全国食品原料标准化生产基地的有效对接，解决食品申报企业和生产企业的原料供应问题，促进食品产业持续健康发展，中心对食品申报企业和生产企业使用标准化基地原料的有关问题做出了明确规定。

·全国食品原料标准化生产基地是按照食品全程质量控制措施和食品技术标准进行生产和管理的，经验收合格的基地原料可以直接作为食品生产和加工使用的原料。

·申报企业或生产企业可直接与建设单位(基地办)、核定的基地产业化经营单位或核定的基地单元(所属乡镇)签订原料订购合同(协议)、合同(协议)应明确订购原料的名次、数量及合同(协议)的有效期。申请认证时，应附原料批次购买发票复印件或发货单等证明文件。

第四节　标准化实施的监督

推行农业标准化是各级政府的职责。为创造良好的标准化实施环境，各级政府必须建立起“三个体系”：建立农业标准体系，建立为农业生产的服务体系，建立保障农产品质量的监督体系。

我们定期或不定期对农产品、农业投入品进行监督检查，将检查结果告示。各级各类无公害蔬菜标准化示范区要将禁用农药目录以宣传牌的形式张贴在示范区，提示农民不要使用，从源头确保食品质量安全。

一、投入品监管

（一）加强农业投入品使用的管理和指导

农作物种子种苗、种畜禽、水产苗种、肥料、农药、兽药、饲料和饲料添加剂等农业投入品是农业生产中重要的生产要素，农业投入品使用得当与否是农业标准化实施成功与否的关键，也是影响农产品质量安全和导致环境污染的重要因素。由于长期忽视投入品标准化的宣传、教育和指导，导致不按照操作规程使用，甚至违反国家规定，使用禁止、限用农业投入品的现象非常普遍，加之相关配套技术和器械不完备，导致农产品中有害残留严重超标，同时也对农产品产地环境造成危害。从山东省情况看，从事农产品生产的除少数是农产品生产企业和农民专业合作经济组外，大多数是农民。但无论是农产品生产企业和农民专业合作组织，还是分散生产经营的农户，大多生产规模狭小，获得信息能力弱，特别是农民科学文化素质相对较低，没有政府部门相应的管理和指导，是难以做到按标准安全合理使用农业投入品的，因而加强农业投入品使用的管理和指导是必要的。

（二）依照标准化要求建立健全农业投入品安全使用制度

农业投入品安全使用制度是一种既为标准化推行提供保障，又保护人类健康、动植物卫生和生态环境的制度。农业部已制订了动物性食品中兽药最高残留限量标准、农药合理使用准则、肥料合理使用准则、饲料合理使用准则、兽药合理使用准则等一系列规定，并发布公告，明令禁止和限制一部分农药、兽药在农产品生产中使用。但总体来讲，农业投入品安全使用制度尚不健全，与国际社会相比较而言，农药残留和兽药残留的差距不仅体现在规定的药物的种类和数量上，而且体现在残留规定的水平上，建立健全农业投入品安全使用制度是当前及其重要和迫切的任务。

建立健全农业投入品安全使用制度。搞技术培训，使农民掌握并遵循安全生产技术规程，科学选用农作物和动物品种合理施用农药、肥料、兽药、饲料和饲料添加剂，提倡科学交替、轮换使用农药和兽药。做好法律法规和国家禁止、限用和淘汰的农业投入品目录和范围的宣传工作，确保广大农产品生产企业、农民专业合作经济组织和农民知晓国家的相关法律法规及相关禁令。

（三）加强以农兽药为重点的农业投入品监管

加大对农药市场的监管力度。依法查处使用国家明令淘汰的和禁用的农业投入品和其他禁用产品如“瘦肉精”的违法行为。坚持堵疏结合。在加大农药使用培训的同时，探索农资信用监管办法，引导农资生产经营单位强化自律，树立守法诚信经营意识；完善行业信用建设机制，实现农资产品的可追溯管理。积极开展“放心农资下乡进村”活动，引导推行农资专营、连锁经营等新的农资经营形式，探索区域农药招标、区域农药准入等做法和途径。要强化农药监管责任。对农药生产企业、农药经营点的监管要分工负责、责任到人，要通过合同约束等形式，落实农药生产经营单位的法律责任。

二、标准化实施的监督

加强监督是落实标准化措施的重要手段，也是标准化推行的重要环节。从工作看，应重点抓好三个方面：监督标准体系的建设。督促相关部门加快标准的制（修）订步伐，尽快健全标准体系，为标准化推行提供技术支撑。督促加快检测体系建设，为标准化的实施提供保障。加大产品质量的检测监督。省、市、县各级都建立例行监测制度，定期对农产品进行检测，通过经常性的产品检测，发现标准化实施过程中存在的问题，以采取针对性措施，切实加以解决。

第七章　安全优质农产品监督管理

目前，国内有关农产品质量安全品牌推进工作主要涉及无公害农产品、绿色食品、有机食品、农产品地理标志和名牌农产品等。本章主要阐述以上各类品牌认证的主体和程序等。

第一节　农产品质量安全认证概述

一、认证

（一）认证的概念和种类

认证是指由认证机构证明产品、服务、管理体系符合相关技术规范、相关技术规范的强制性要求或者标准的合格评定活动。认证的种类包括产品认证、服务认证（又称过程认证）、管理体系认证。其中，产品认证、管理体系认证已经比较普遍，而服务认证一般可以当做一种特殊的产品进行认证，服务单位也有相应的管理体系可以进行认证。在我国境内从事认证活动的工作机构，应该遵守《中华人民共和国认证认可条例》。

国际通行的认证包括产品认证和体系认证。产品认证是对终端产品质量安全状况进行评价，体系认证是对生产条件保证能力进行评价。二者相近又不同，产品认证突出检测，体系认证重在过程考核，一般不涉及产品质量的检测。在农业方面，最主要的是产品认证，也就是终端产品的质量安全认证。在中国，目前最主流的是 3 个方面的认证，即无公害农产品、绿色食品、有机食品标志认证。对生产过程的体系认证，时机尚不成熟，有待于进一步研究、探索、实践、试验。从发展的态势看，体系认证比较符合中国农业生产实际的主要是“三 P”认证，即 GAP(Good Agriculture Practice，良好农业操作规范)、GMP(Good Manufacturing Practice，良好生产规范)、HACCP(Hazard Analysis and Critical Control Point，危害分析与关键点控制)。除了 HACCP 在农业行业有些试点外，GAP 和 GMP 尚处于探索示范阶段。从国际社会成功的运作效果看，GAP 适用于种植业产品的生产过程认证，打造知名生产基地和企业；GMP 适用于农产品加工品和兽药等农业投入品的生产过程认证，培育知名生产加工企业；HACCP 适用于畜禽水产养殖业及其加工业生产过程认证，打造知名生产基地、养殖大户和龙头企业。从中国的农产品生产实际和发展方向上看，相当长一段时期，农产品质量安全方面的认证还主要是产品认证。在产品认证当中主要是无公害农产品、绿色食品、有机农产品(有机食品)，简称“三品”。

(二)产品质量认证

1. 产品质量认证的发展

产品质量认证是随着现代工业的发展，作为一种外部质量保证的手段逐渐发展起来的。在现代产品质量认证产生之前，供方为了推销产品，往往采取“合格声明”的方式，以取得买方对产品质量的信任。但是随着现代工业的发展，供方单方面的“合格声明”越来越难以增强顾客的购买信心，于是由第三方来证明产品质量的产品质量认证制度便应运而生。

产品质量认证制度始于英国。1903 年英国工程标准委员会首创了世界上第一个用于符合标准的认证标志“BS”标志(“风筝标志”)，并于 1922 年按英国商标法注册，成为受法律保护的认证标志，至今在国际上仍享有较高的信誉。此后，这项制度得到了较快发展。现在实行产品质量认证制度，已经是国际上的通行做法。

2. 产品质量认证的概念和原则

产品质量认证是指依据产品标准和相应的技术要求，经认证机构确认并通过颁发认证证书和认证标志来证明某一产品符合相应标准和相应技术要求的活动。我国产品质量认证分为强制性产品质量认证和自愿性产品质量认证。

产品质量认证的依据应当是具有国际水平的国家标准或行业标准。标准的内容除应包括产品技术性能指标外，还应当包括产品检验方法和综合判定准则。标准是产品质量认证的基础，标准的层次、水平越高，经认证的产品信誉度就越高。

产品质量认证应当遵循以下原则：①国家统一管理的原则；②只搞国家认证，不搞部门认证和地方认证的原则；③实行第三方认证制度，充分体现行业管理的原则。

（三）管理体系认证

目前进行认证的管理体系主要有 ISO 9000：2000 质量管理体系、ISO 14000：2004 环境管理体系、OHSAS 18000 职业健康安全管理体系、QS 9000 汽车质量管理体系、TL 9000 电信质量管理体系、HACCP 食品安全管理体系、SA 8000 社会责任管理体系等。现在已经尝试将多种管理体系进行一体化整合，例如 ISO 9000：2000 质量管理体系、ISO 14000：2004 环境管理体系和 OHSAS 18000 职业健康安全管理体系的一体化。各种管理体系具有一些共性的要素，其中 ISO 9000：2000 质量管理体系是各种管理体系的基础。

各种管理体系的作用是为了规范某项工作的管理，提高管理水平和管理效益。例如，质量管理体系认证可以提高供方的质量信誉，增强企业的竞争能力，提高经济效益，降低承担产品责任的风险，保证产品质量，降低废次品损失。

各种管理体系认证都应当遵循自愿申请原则和符合国际惯例原则。其中自愿申请原则的具体内涵是指：①是否申请认证由企业自主决定；②向哪个管理体系认证机构申请认证，由企业自主选择；③申请哪种管理体系认证，由企业根据需要和条件自主确定。符合国际惯例原则是指按照国际通行的做法和规定的程序、要求开展认证，以便得到国际认可，促进国际认证合作的开展。

1993 年 1 月由美国发起而成立了由有关国家认可机构参加的多边合作组织，即国际认可论坛(简称 IAF)，以促进和实现质量认证的国际互认，减少或消除因质量认证导致的国际贸易技术壁垒。经过 IAF 的多年努力，在 1998 年 1 月 22 日由 17 个国家的 16 个认可机构首批签署了国际认可论坛多边承认协议(IAF/MLA)，中国质量体系认证机构国际认可委员会(简称 CNACR)，是首批签署协议的成员之一。

目前，我国管理体系认证存在以下问题：①获证企业总体数量较少，不同地区、不同行业发展不平衡；②企业看重证书效应，忽视管理效应；③认证咨询市场不规范；④对认证机构监管不到位。因此，我国应当加强认证工作，确保认证公正有效。

二、农产品质量安全认证的分类

我国农产品质量安全认证主要是产品认证。在产品认证当中主要是无公害农产品、绿色食品、有机农产品(有机食品)，简称“三品”。下面着重介绍一下“三品”认证的产生发展、体制机制、进展成效与发展态势。

(一)无公害农产品

无公害农产品认证的对象包括农民、生产基地、生产企业和农业技术推广机构及农产品产销协会；认证的产品主要是量大面广的“菜篮子”和“米袋子”产品，如蔬菜、水果、茶叶、猪肉、牛羊肉、乳品、禽蛋和大米、小麦、玉米、大豆等大宗农产品。凡是上市销售的食用农产品，特别是跨地区销售的农产品，国家积极鼓励和支持无公害农产品产地认定和产品认证，通过官方证明生产、销售的农产品是安全的、无公害的，从而搭建一个科学公正的市场准入平台，提供可靠的安全保证凭据，确保产品顺畅销售，让消费者对产品的安全状况放心，真正实现农产品的“安全生产，放心消费”。对无公害农产品认证，各级地方人民政府和农业部门非常重视，都已把无公害农产品认证纳入工作规划，有计划、有目的地引导当地的农产品生产基地、种养大户和农场推行无公害农产品生产，申请无公害农产品产地认定，组织农产品生产企业、行业协会和技术服务机构申请无公害农产：品认证。通过无公害农产品产地认定，有效解决了农产品的标准化生产和全程质量控制问题；通过无公害农产品的产品认证，从生产源头上解决了农产品的市场准入和质量安全可追溯问题。无公害农产品产地认定和产品认证做好了，产品的规模化生产和品牌化经营也就有了一个好的基础，像蔬菜、猪肉、鸡肉、水产品等鲜活农产品，通过无公害农产品的产地认定和产品认证，保证了质量安全，形成了市场竞争优势。

无公害农产品认证从 2003 年 4 月 17 日开始启动，截至 2007 年年底，全国共认定无公害农产品产地 38 370 个。其中，种植业产地26 276个，面积 3 162 万 hm^2；畜牧业产地 7 547 个，养殖规模 34.15 亿头(只、羽)；渔业产地 4 547 个，面积 265 万 hm^2。全国共认证无公害农产品 34 186 个，获证单位 19 023 个。其中，种植业产品 25 169 个，畜牧业产品 4 063 个，渔业产品 4 954 个。无公害农产品实物总量达到 2 亿 t，其中主要 7 大类农产品认证量占到同类产品生产总量的 10%。

（二）绿色食品

按照职能定位，发展绿色食品，是中国农业部的一项重要职能，由中国绿色食品发展中心按照农业部的要求具体负责推动，打造中国农产品的精品和名品。绿色食品较之无公害农产品而言，除了鲜活农产品外，还包括食用的加工农产品。认证的对象既有农产品生产企业，也有农产品加工企业。在整个认证过程中，不单独对生产基地进行认定，而是通过地方政府不断创建大型绿色食品原料生产基地，实现规模的迅速扩大。经过近 20 年的推动，特别是最近几年的快速发展，绿色食品已经成为了极具市场价值的中国农产品质量安全公共品牌，有了相当高的市场知名度和相对稳定的消费群体。由于各级政府和农业部门的大力推动保护，在我国绿色食品已经具有很强的消费信任度和品牌忠实率，是国家安全、优质农产品和食品的象征。

从 1993 年开始推动认证，到 2007 年年底，全国有效使用绿色食品标志的企业总数达到 5 740 家，产品总数达到 15 238 个。绿色食品企业中，国家级和省级农业产业化龙头企业达到 315 家和 912 家。绿色食品环境监测的农田、草场、水域面积达到 0.15 亿 hm^2。

（三）有机食品

从有机食品的生产和消费市场看，主要是充分利用农业的自然资源优势，服务于农产品的高端消费和出口，所推行的生产理念是不使用化学投入品和转基因生物，目的是保护生态环境和生物多样性，实现人与自然和谐共生。有机食品的生产条件较苛刻，有一定的生产局限性。一是要求生产的环境要自然、洁净；二是生产过程中不允许使用化肥、农药等化学投入品，病虫害控制难度大，生产成本高，产量相对常规生产要低；三是消费群体有限，主要满足出口需要；四是认证的方式一年一认证，按照国际惯例，采取市场化运作，认证收取一定的费用。

有机食品起步早，全球有机农业面积已超过 0.24 亿 hm^2（ITC 2003 年），但在中国真正推动和发展起来是最近几年的事。全国目前依法从事有机食品认证的机构 23 家，到 2007 年底，农业系统有机食品生产企业数达到 692 家，产品数 3 010 个，认证面积达到 306 万 hm^2。

第二节　无公害农产品认证

一、无公害农产品概述

为解决我国农产品基本质量安全问题，经国务院批准，农业部于 2001 年启动“无公害食品行动计划”，并于 2003 年开展了全国统一标志的无公害农产品认证工作。近年来，无公害农产品保持了快速发展的态势，具备了一定的发展基础和总量规模，已成为许多大中城市农产品市场准入的重要条件。目前，无公害农产品认证已成为促进农户、企业和其他组织提高生产与管理水平、保障农产品质量安全、保护环境和人民身体健康、规范市场行为、指导消费、促进贸易的重要手段。

（一）无公害农产品的定义及内涵

无公害农产品是指产地环境、生产过程、产品质量符合国家有关标准和规范的要求，经认证合格获得认证证书并允许使用无公害农产品标志的未经加工或初加工的食用农产品；也就是使用安全的投入品，按照规定的技术规范生产，产地环境、产品质量符合国家强制性标准并使用特有标志的安全农产品。

无公害农产品，也就是安全农产品，或者说是在安全方面合格的农产品，是农产品上市销售的基本条件。但由于无公害农产品的管理是一种质量认证性质的管理，而通常质量认证合格的表示方式是颁发“认证证书”和“认证标志”，并予以注册登记。因此，只有经农业部农产品质量安全中心认证合格，颁发认证证书，并在产品及产品包装上使用全国统一的无公害农产品标志的食用农产品，才是无公害农产品。

无公害农产品标志图案主要由麦穗、对勾和无公害农产品字样组成(图 7 - 1)，标志整体为绿色，其中麦穗与对勾为金色。绿色象征环保和安全，金色寓意成熟和丰收，麦穗代表农产品，对勾表示合格。

图 7 - 1　无公害农产品标志

关于无公害农产品和无公害食品的称谓问题，这是由于我国历史、体制等方面的原因，将食物分为农产品和食品，国际上统称食物(Food)。为了体现农产品质量安全从“农田到餐桌”全程控制和政府抓农产品消费安全的切入点，农业部在“无公害食品行动计划”和行业标准中使用的是无公害食品。行业标准是技术法规，需要全社会共同遵循，包括生产消费和流通领域，所以叫无公害食品；“无公害食品行动计划”是受国务院委托，由农业部牵头，各相关方面共同推进，所以叫“无公害食品行动计划”。为了便于各级农业部门根据职能分工抓住工作重点，农业部在各项规章、制度和办法中使用的是无公害农产品概念。

（二）无公害农产品特征

（1）在市场定位上，无公害农产品是公共安全品牌，保障基本安全，满足大众消费。

（2）在产品结构上，无公害农产品主要是百姓日常生活离不开的“菜篮子”和“米袋子”等大宗未经加工及初加工的农产品。

（3）在技术制度上，无公害农产品推行“标准化市场、投入品监管、关键点控制、安全性保障”的技术制度。

（4）在认证方式上，无公害农产品认证采取产地认定与产品认证相结合的方式，产地认定主要解决产地环境和生产过程中的质量安全控制问题，是产品认证的前提和基础，产品认证主要解决产品安全和市场准入问题。

（5）在发展机制上，无公害农产品认证是为保障农产品生产和消费安全而实施的政府质量安全担保制度，属于公益性事业，实行政府推动的发展机制，认证不收费。

（6）在标志管理上，无公害农产品标志是由农业部和国家认证认可监督管理委员会联合公告的，依据《无公害农产品标志管理办法》实施全国统一标志管理。

二、无公害农产品认证

（一）无公害农产品认证特点

无公害农产品认证工作是农产品质量安全管理的重要内容。开展无公害农产品认证工作是促进结构调整、推动农业产业化发展、实施农业品牌战略、提升农产品竞争力和扩大出口的重要手段。无公害农产品认证有以下几个特点。

1. 认证性质

无公害农产品认证执行的是无公害食品标准，认证的对象主要是百姓日常生活离不开的“菜篮子”和“米袋子”产品。也就是说，无公害农产品认证的目的是保障基本安全，满足大众消费，是政府推动的公益性认证。

2. 认证方式

无公害农产品认证采取产地认定与产品认证相结合的模式，运用了从“农田到餐桌”全过程管理的指导思想，打破了过去农产品质量安全管理分行业、分环节管理的理念，强调以生产过程控制为重点，以产品管理为主线，以市场准入为切入点，以保证最终产品消费安全为基本目标。产地认定主要解决生产环节的质量安全控制问题；产品认证主要解决产品安全和市场准入问题。无公害农产品认证的过程是一个自上而下的农产品质量安全监督管理行为；产地认定是对农业过程的检查监督行为；产品认证是对管理成效的确认，包括监督产地环境、投入品使用、生产过程的检查及产品的准入检测等方面。

3. 技术制度

无公害农产品认证推行“标准化生产、投入品监管、关键点控制、安全性保障”的技术制度。从产地环境、生产过程和产品质量三个重点环节控制危害因素含量，保障农产品的质量安全。

（二）无公害农产品认证依据

为了确保认证的公平、公正、规范，无公害农产品认证是在一套既符合国家认证认可规则又满足相关法律法规、规章制度、技术标准规范要求的认证制度下进行运作的。

1. 法律法规

(1)国家相关法律法规。《中华人民共和国农业法》《中华人民共和国认证认可条例》《中华人民共和国农产品质量安全法》和《国务院关于加强食品等产品安全监督管理的特别规定》，是制定无公害农产品认证工作制度所遵循的法律依据。

(2)《无公害农产品管理办法》。由农业部和国家质量监督检验检疫总局联合发布，提出了无公害农产品管理工作，由政府推动，并实行产地认定和产品认证的工作模式，明确省级农业行政主管部门负责组织实施本辖区内无公害农产品产地认定工作，标志着无公害农产品管理工作正式纳入依法行政的轨道。

2. 制度文件

(1)《无公害农产品产地认定程序》和《无公害农产品认证程序》。由农业部和国家认证认可监督管理委员会联合颁发，规范了认定和认证的行为，并首次明确了农业部农产品质量安全中心承担无公害农产品认证工作。

(2)《无公害农产品产地认定与产品认证一体化推进实施意见》。从根本上解决了无公害农产品产地认定与产品认证脱节问题，提高了产地认定和产品认证工作效率，加快了产地认定与产品认证步伐。意见从总体思路、推进重点和实施要求三个方面做了阐述，并附有《无公害农产品产地认定与产品认证一体化工作流程规范》和《无公害农产品产地认定与产品认证一体化推进前后申请材料及审查流程对比分析》。

(3)《无公害农产品产地认定与产品认证一体化推进和复查换证提交材料的补充规定》。为促进无公害农产品产地认定与产品认证一体化推进和复查换证工作的有序开展，确保无公害农产品认证工作的规范性，经研究，决定对认证过程中的相关问题作如下补充规定。

①关于一体化推进提交材料补充规定：关于产地认定整体推进衔接规定。在开展了产地认定整体推进的地区按一体化推进试点要求申报无公害农产品认证，申请人在通过整体环评后，提交产品认证申报材料时，可用《无公害农产品产地认定

证书》代替《产地环境检验报告》和《产地环境现状评价报告》。省级工作机构审查此类申报材料时，要在《无公害农产品产地认定与产品认证报告》的初审意见栏中明确该产地已通过整体环评和在产地认定整体推进的范围。

关于现场检查补充规定。为确保一体化推进工作中现场检查的有效性，在实施一体化推进试点的地区，各级工作机构在现场检查过程中要按照《无公害农产品认证现场检查规范》进行现场检查，突出对申报产品生产过程记录的核查，并在《无公害农产品认证现场检查报告》总体评价栏中就生产过程记录是否符合规定要求作为一项重要内容加以说明。

②关于复查换证提交材料补充规定：根据《无公害农产品认证复查换证有关问题的处理意见》第三条第二款规定，在无公害农产品证书有效期期间，产品未出现过质量安全事故和不合格现象，经现场检查确认产品质量稳定，产地环境、生产过程控制符合规范要求，现场检查合格的，无公害农产品复查换证申请者可不提交《产品检验报告》。为确保此项规定有效执行，各省工作机构依据此规定开展复查换证时，须根据现场检查情况出具合格的《现场检查报告》，并在《无公害农产品认证报告》审查栏中说明。

(4)《关于开展无公害农产品便携式复查换证工作的通知》。为推进无公害农产品事业又好又快发展，根据无公害农产品到期复查换证工作出现的新情况和新要求，农业部农产品质量安全中心决定对在无公害农产品证书有效期内产品质量稳定、从未出现过质量安全事故的无公害农产品，在证书有效期满申请复查时推行便捷式换证手续。现就实施便捷式复查换证有关事项通知如下。

①适用范围：便捷式复查换证程序只适用于证书有效期内产品质量稳定、从未出现过质量安全事故的获证无公害农产

品。除此之外的其他类型产品的复查换证仍按照原有程序办理。

②调整内容：

一是简化申报材料。将目前正常程序无公害农产品复查换证需要提交的5份材料简化为2份材料。复查换证申请人只需对省级工作机构印发的《无公害农产品复查换证信息登录表》(简称《信息登录表》)中的产品信息进行核对确认后，便可向县级无公害农产品工作机构提交《信息登录表》和《无公害农产品产地认定与产品认证复查换证申请和审查报告》(简称《申请和审查报告》)，即完成复查换证的申请。

二是减少审查环节。将目前无公害农产品复查换证实质性审查工作由原来的"县级—地市级—省级—部直分中心—部中心"5个环节简化为"县级—地市级—省级"3个环节。省级工作机构依托地、县两级无公害农产品工作机构完成复查换证的审查工作，必要时可组织实施现场检查。对于通过审查的产品，按照规定要求报请省级农业行政主管部门颁发《无公害农产品产地认定证书》，同时将产品《信息登录表(汇总表)》(纸质版、电子版)和《申请和审查报告》按规定报部中心审批、颁证和产地备案。

③工作要求：

一是认真做好产品审核工作。各省级工作机构要充分依托各级各类农产品质量安全监督抽检和例行监测结果，科学分析和划定适用于便捷式复查换证工作模式的获证产品名录，同时要充分依托地、县两级工作机构做好到期复查换证产品的组织申报工作，严把材料审查关，强化现场检查工作。原则上现场检查比例不应低于年度到期换证产品总数5%。部中心也将根据各地的复查换证情况，抽取一定比例实施现场核查，强化复查换证工作质量控制和业务指导。

二是强化复查换证工作管理。一是实施退出公告制度。对证书有效期届满超过3个月未申请复查换证且未转换为绿色食品或有机农产品的获证无公害农产品，由省级工作机构统计确认后，以文件形式报部中心审定，统一在中国农产品质量安全网上发布退出公告；二是建立自上而下、整体推动工作机制。鉴于复查换证工作量大、换证时间集中的特点，便捷式复查换证工作要坚持自上而下、整体推动的工作机制，要通过强有力的工作措施，将复查换证工作组织好，实施好，完成好，确保复查换证总体比例不低于80%的工作目标。

三是加强组织领导，做好宣传培训工作。推进无公害农产品便捷式复查换证工作是新形势下无公害农产品工作机制的一种创新，各级无公害农产品工作机构要进一步增强责任意识，切实加强组织领导，周密部署，强化检查员队伍培训，要重点加强地县两级检查员队伍的业务培训和审查能力提升。同时，各地要加大宣传力度，扩大社会影响，提高申请人复查换证积极性和自觉性。

无公害农产品便捷式复查换证工作从2008年6月1日起开始实施。

(5)《关于进一步规范无公害农产品认证工作时限的通知》。规范了无公害农产品工作时限，特对各级工作机构在无公害农产品认证审核时限上作了相应的划定和规范；实行受理(接收)、报出告知制度，建立了一次性明确补充材料和整改时限要求。

(6)《实施无公害农产品认证的产品目录》。《无公害农产品认证程序》中第三条和第四条规定，农业部和国家认证认可监督管理委员会依据相关的国家标准或行业标准发布《实施无公害农产品认证的产品目录》，申请无公害农产品认证的产品应在认证产品目录范围内。认证产品目录中共有产品815个，其中，种植业产品546个，畜牧业产品65个，渔业产品204个。

3. 标准体系

无公害食品标准是无公害农产品认证的技术依据和基础，是判定无公害农产品的尺度。为了使全国无公害农产品生产和加工按照全国统一的技术标准进行，消除不同标准差异，树立标准一致的无公害农产品形象，农业部组织制定了一系列产品标准以及包括产地环境条件、投入品使用、生产管理技术规范、认证管理技术规范等通则类的无公害食品标准，标准系列号为NY 5000。无公害食品标准框架见图7-2。

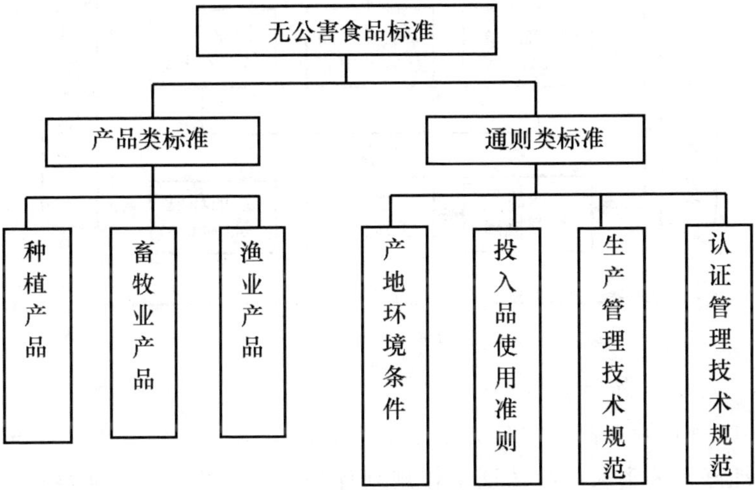

图7-2 无公害食品标准框架

无公害食品标准体现了"从农田到餐桌"全程质量控制的思想。标准包括产品标准、投入品使用准则、产地环境条件、生产管理技术规范和认证管理技术规范五个方面，贯穿了"从农田到餐桌"全过程所有关键控制环节，促进了无公害农产品生产、检测、认证及监管的科学性和规范化。

（三）无公害农产品认证组织机构

1. 组织机构

无公害农产品管理工作，由政府推动，并实行产地认定与产品认证相结合的工作模式。省级农业行政主管部门负责组织实施产地认定工作；农业部农产品质量安全中心负责产品认证工作。组织机构见图7-3。

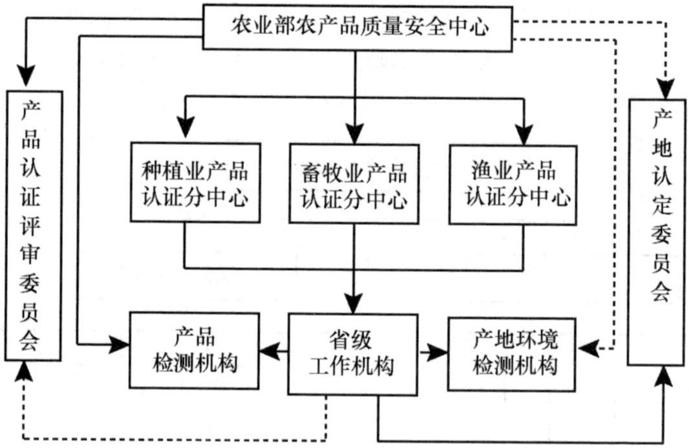

图7-3　组织机构

2. 工作职责

（1）农业部农产品质量安全中心。包括3个分中心，重点抓好无公害农产品认证工作规划计划、组织协调、审批发证、标志管理、监督检查。

（2）省级工作机构。包括市县工作机构，省级工作机构的工作重点是抓好产地认定、产品检测、认证初审、标志推广、监督抽查；市县两级工作机构的工作重点是抓好宣传动员、组织申报、技术指导、技术培训，具体承担实施现场检查与证后的日常监督管理。

（3）产品认证评审委员会。评审委员会在农业部农产品质量安全中心的组织和领导下，承担无公害农产品的技术评审工作，保证无公害农产品评审工作的科学、公正、规范。评审委员会成员由农业部有关方面的领导、相关专业的技术专家及质量管理专家等组成。其主要职责是：负责制(修)订无公害农产品认证评审工作原则；审议中心提交的认证报告，做出认证结论；对认证工作提出意见和建议。

(4)产地认定委员会。产地认定委员会在省级农业行政主管部门的组织和领导下，承担无公害农产品产地认定的终审工作，保证无公害农产品产地认定工作的科学、公正、规范。其主要职责是：负责制(修)订无公害农产品产地认定实施细则；负责产地认定材料的全面终审，做出认定结论；对产地认定工作提供智力支持和技术支撑。

(5)产地环境检测机构。其主要职责是：承担无公害农产品产地认定中的产地环境检测与评价任务；及时准确出具产地环境检测报告和产地环境现状评价报告。

(6)无公害农产品检测机构。其主要职责是：承担申报产品的抽样和检验任务；承担无公害农产品年度抽检任务；依照法律、法规、无公害农产品标准及有关规定，客观、公正地出具检验报告。

(四)无公害农产品认证程序

1. 无公害农产品产地认定与产品认证

农业部于2003年4月推出了无公害农产品国家认证。根据《无公害农产品管理办法》的有关规定，无公害农产品管理工作由政府推动，并实行产地认定和产品认证的工作模式。国家鼓励生产单位和个人申请无公害农产品产地认定和产品认证。实施无公害农产品认证的产品范围由农业部、国家认证认可监督管理委员会共同确定、调整。

从事无公害农产品产地认定的部门和产品认证的机构不得收取费用。检测机构的检测、无公害农产品标志按国家规定收取费用。

在2006年7月之前，无公害农产品产地认定与产品认证是分开进行的，即产地认定工作由本辖区内的省级农业行政主管部门负责组织实施，认定结果报农业部农产品质量安全中心备案、编号；产品认证工作由农业部农产品质量安全中心统一组织实施，认证结果报农业部、国家认监委公告。根据《无公害农产品管理办法》《无公害农产品产地认定程序》和《无公害农产品认证程序》规定，结合无公害农产品事业发展需要，在充分调研和广泛征求意见的基础上，农业部农产品质量安全中心于2006年7月组织制定了《无公害农产品产地认定与产品认证一体化推进实施意见》，从2006年8月1日起正式实施无公害农产品产地认定与产品认证一体化推进工作。

2. 无公害农产品产地认定与产品认证工作流程

本工作流程适用于经农业部农产品质量安全中心批复认可的省、自治区、直辖市及计划单列市无公害农产品产地认定与产品认证一体化推进工作。

(1)从事农产品生产的单位和个人可以直接向所在县级农产品质量安全工作机构(简称“工作机构”)提出无公害农产品产地认定和产品认证一体化申请，并提交以下材料。

①《无公害农产品产地认定与产品认证(复查换证)申请书》(相关表格可登录 http：//www. aqsc. gov. cn 进行下载)。

②国家法律法规规定申请者必须具备的资质证明文件(复印件)。

③无公害农产品生产质量控制措施。

④无公害农产品生产操作规程。

⑤符合规定要求的《产地环境检验报告》和《产地环境现状评价报告》或者符合无公害农产品产地要求的《产地环境调查报告》。

⑥符合规定要求的《产品检验报告》。

⑦规定提交的其他相应材料。

申请产品扩项认证的，提交材料①、④、⑥和有效的《无公害农产品产地认定证书》。申请复查换证的，提交材料①、⑥、⑦和原《无公害农产品产地认定证书》和《无公害农产品认证证书》复印件，其中，材料⑥的要求按照《无公害农产品认证复查换证有关问题的处理意见》执行。

(2)同一产地、同一生长周期、适用同一无公害食品标准生产的多种产品在申请认证时，检测产品抽样数量原则上采取按照申请产品数量开二次平方根(四舍五入取整)的方法确定，并按规定标准进行检测。

申请之日前两年内部、省监督抽检质量安全不合格的产品应包含在检测产品抽样数量之内。

(3)县级工作机构自收到申请之日起10个工作日内，负责完成对申请人申请材料的形式审查。符合要求的，在《无公害农产品产地认定与产品认证报告》(以下简称《认证报告》)签署推荐意见，连同申请材料报送地级工作机构审查。

不符合要求的，书面通知申请人整改、补充材料。

(4)地级工作机构自收到申请材料、县级工作机构推荐意见之日起15个工作日内，对全套申请材料进行符合性审查，符合要求的，在《认证报告》上签署审查意见(北京、上海、天津、重庆等直辖市和计划单列市的地级工作合并到县级一并完成)，报送省级工作机构。

不符合要求的，书面告之县级工作机构通知申请人整改、补充材料。

(5)省级工作机构自收到申请材料及县、地两级工作机构推荐、审查意见之日起20个工作日内，应当组织或者委托地县两级有资质的检查员按照《无公害农产品认证现场检查工作程序》进行现场检查，完成对整个认证申请的初审，并在《认证报告》上提出初审意见。

通过初审的，报请省级农业行政主管部门颁发《无公害农产品产地认定证书》，同时将申请材料、《认证报告》和《无公害农产品产地认定与产品认证现场检查报告》及时报送部直各业务对口分中心复审。

未通过初审的，书面告知地县级工作机构通知申请人整改、补充材料。

(6)本工作流程规范未对无公害农产品产地认定和产品认证作调整的内容，仍按照原有无公害农产品产地认定与产品认证相应规定执行。

(7)农业部农产品质量安全中心审核颁发《无公害农产品证书》前，申请人应当获得《无公害农产品产地认定证书》或者省级工作机构出具的产地认定证明。

(8)无公害农产品产地认定与产品认证一体化审查流程，见图 7－4。

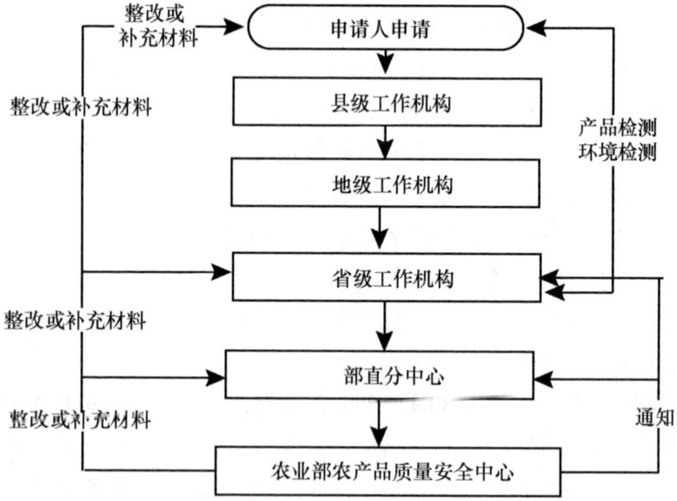

图 7－4　产地认定与产品认证一体化审查流程

第三节 绿色食品认证

一、绿色食品概念与特征

（一）绿色食品概念

过去提到绿色，象征的是希望，而以绿色代表无污染则是在1989年绿色食品概念提出之后，才被广泛应用于各行各业，出现了绿色建材、绿色照明等一系列冠以绿色的名词，绿色食品事业的一个重要贡献就是创造了一个引领消费的新概念。

绿色食品是指产自优良环境，按照规定的技术规范生产，实行全程质量控制，无污染、安全、优质并使用专用标志的食用农产品及加工品。开发绿色食品是人类注重保护生态环境的产物，是社会进步和经济发展的产物，也是人们生活水平提高和消费观念改变的产物。

绿色食品标志由3部分构成，即上方的太阳、下方的叶片和中心蓓蕾，分别代表了生态环境、植物生长和生命的希望。标志为正圆形，意为保护、安全。1992年，国家工商行政管理局、农业部联合发布关于依法使用、保护"绿色食品"商标标志的通知，规定农业部统一负责"绿色食品"标志的颁发和使用管理。

1996年，绿色食品标志作为我国第一例质量证明商标，在国家工商行政管理局注册成功。2008年6月24日，中国绿色食品发展中心的绿色食品证明商标国际注册通过了美国的核准保护，并颁发了注册证，国际注册号为903964，美国注册号为3453928，注册有效期为2006年2月24日至2016年2月24日，注册类别为第5类（婴儿食品）、第29类（肉、蛋、奶及乳制品、家禽、干制水果蔬菜、水产品等）、第30类（面粉及制品、米、五谷杂粮、茶、咖啡、可可、糖、蜂蜜等)、第31类(谷物及农产品)、第32类(啤酒、不含酒精饮料)和第33类(含酒精饮料)共6大类。至此，绿色食品商标已在日本和美国等国家成功注册，也在我国香港成功注册并得到了有效的法律保护。其他主要贸易国的注册工作正在进行中。

经国家工商行政管理局核准注册的绿色食品质量证明商标共4种形式，分别为绿色食品标志商标(图7-5)、绿色食品中文文字商标(图7-6)、绿色食品英文文字商标(图7-7)及绿色食品组合商标(图7-8)，这一质量证明商标受《中华人民共和国商标法》及相关法律法规保护。标志图形核定使用商品类别为第1、第2、第3、第5、第29、第30、第31、第32、第33共九大类，中文文字商标、英文文字商标及标志图形组合商标仅注册了后八类，不包括第一类肥料商品。商标注册证号从第892107至892139号，共33件。商标注册人为中国绿色食品发展中心。

图7-5　绿色食品商标

图7-6　绿色食品中文文字商标

图7-7　绿色食品英文文字商标

图 7-8　绿色食品组合商标

绿色食品商标作为质量证明商标具有以下特点。

(1)绿色食品商标专用权。只有中国绿色食品发展中心许可，企业才能在自己的产品上使用绿色食品商标标志。

(2)绿色食品商标的限定性。只有绿色食品商标注册的 4 种商标形式受法律保护；只能在注册的九大类商品上使用。

(3)绿色食品商标的地域性。在中华人民共和国、日本、中国香港、美国等已注册的国家和地区受到保护。

(4)绿色食品商标的时效性。1996 年 11 月 7 日至 2016 年 10 月 21 日。有效期满须申请续展注册。

(5)绿色食品商标的注册人“中国绿色食品发展中心”。只有商标的许可权和转让权，没有商标使用权。

(二)绿色食品特征

绿色食品与普通食品相比有 3 个显著的特征：

(1)强调产品出自最佳生态环境。绿色食品生产从原料产地的生态环境入手，通过对原料产地及其周围的生态环境因子严格监测，判定其是否具备生产绿色食品的基础条件，而不是简单地禁止生产过程中化学合成物质的使用。这样既可以保证绿色食品生产原料和初级产品的质量，又有利于强化企业和农民的资源和环境保护意识，将农业和食品工业发展建立在资源和环境可持续利用的基础上。

(2)对产品实行全程质量控制。绿色食品生产实施“从土地到餐桌”全程质量控制，而不是简单地依靠最终产品有害成分含量和卫生指标的测定，从而在农业和食品生产领域树立了全新的质量观。通过产前环节的环境监测和原料检测，产中环节具体生产、加工操作规程的落实，以及产后环节产品质量、卫生指标、包装、保鲜、运输、储藏、销售控制，确保绿色食品的整体产品质量，并提高整个生产过程的技术含量。

(3)对产品依法实行标志管理。绿色食品标志是一个质量证明商标，属知识产权范畴，受《中华人民共和国商标法》保护。政府授权专门机构管理绿色食品标志，这是一种将技术手段和法律手段有机结合起来的生产组织和管理行为，而不是一种自发的民间自我保护行为。对绿色食品产品实行统一、规范的标志管理，不仅使生产行为纳入了技术和法律监控的轨道，而且使生产者明确了自身和对他人的权益责任，同时也有利于企业争创名牌，树立名牌商标保护意识，提高企业和产品社会知名度和影响力。

由此可见，绿色食品概念不仅表述了绿色食品产品的基本特性，而且蕴含了绿色食品特定的生产方式、独特的管理模式和全新的消费观念，同时也表明，开发绿色食品是一项利国利民、造福子孙的事业。

二、绿色食品标准

绿色食品产品标准包括质量标准和卫生标准两部分。均参照有关国际、国家、部门、行业标准制定，通常高于或等同现行标准，有些还增加了检测项目。

(一)绿色食品的卫生标准

绿色食品也是食品，它首先必须符合食品基本的卫生标准。绿色食品执行的卫生标准是参照有关国家、部门、行业的食品卫生标准制定的，通常高于一般的食品现行卫生标准，有些增加了新的检测项目。绿色食品卫生标准一般分为三部分：农药残留、有害重金属和细菌等。

农药残留：通过检测杀螟硫磷、倍硫磷、敌敌畏、乐果、马拉硫磷、对硫磷、六六六、DDT、二氧化硫等物质的含量来衡量。

有害重金属：我国的农药残留问题仍然比较严重，绿色食品化学农药的使用必须符合《生产绿色食品的农药使用准则》，对环境及人体健康造成危害的主要是含有汞、砷、铜、铅等重金属农药、有机磷农药和有机氯农药。

细菌：致病性细菌污染食物后，可以在食物里大量繁殖或产生毒素，人们吃了这种含有大量致病菌或毒素的食物会引起食物中毒现象。能引起食物中毒的细菌主要有沙门氏菌、副溶血性弧菌(嗜盐菌)、葡萄球菌、变形杆菌、肉毒杆菌等。一些致病性大肠杆菌、蜡样杆菌、韦氏杆菌、志贺菌等也可引起细菌性食物中毒。另外，自然界中有100多种对人的身体健康有害的真菌(包括霉菌)，可导致食物中毒。例如，黄曲霉毒素污染是全球性的问题，黄曲霉毒素是目前发现最强的致癌物质，主要污染粮食、油料及其制品。黄曲霉毒素属于剧毒，毒性比KCN大10倍，为砒霜的68倍。大剂量黄曲霉毒素可引起人和动物的急性中毒，其病变主要发生在肝脏，呈现肝细胞变性、坏死和出血。研究发现，凡是食物中黄曲霉毒素污染严重和实际摄入量较高的国家和地区，人的肝癌发病率亦较高。

(二)绿色食品产品的包装和贮运标准

取得绿色食品标志使用资格的单位，应将绿色食品标志用于产品的内外包装。绿色食品的包装应符合《绿色食品标志设计标准手册》的要求。产品包装材料从原料、产品制造、使用、回收和废弃的整个过程都应符合环境保护的要求。尽量减少能耗，避免废弃物的产生，选择可降解、易回收利用的原料等，防止最终产品遭受污染、防止过度包装和资源浪费，同时还要有利于消费者的使用和识别。绿色食品产品标签，除符合国家的《食品标签通用标准》要求外，还要符合《中国绿色食品商标标志设计使用规范手册》的要求。该手册对绿色食品标志的标准图形、标准字体、图形与字体的规范组合、标准色、广告用语及用于食品系列化包装的标准图形、编号规范均做了严格规定，同时列举了应用示例。绿色食品包装的规范见包装通用准则(NY/T 658—2002)。

绿色食品储藏运输准则(NY/T 1056—2006)对绿色食品储藏、运输的条件、方法、时间做出了规定，以保证绿色食品在储运过程中不遭受污染、不改变品质，并有利于环保和节能。

(三)其他相关标准

除了以上绿色食品质量控制的技术标准外，绿色食品还有一些促进质量控制管理工作的辅助性标准，包括绿色食品产品抽样准则(NY/T 896—2004)和绿色产品检验规则(NY/T 1055—2006)等。

三、绿色食品认证程序

绿色食品标志申报工作是绿色食品标志管理工作的第一步，也是至关重要的一步。为了规范绿色食品的认证工作，中国绿色食品发展中心(以下简称“中心”)依据《绿色食品标志管理办法》，制定了绿色食品的认证程序。凡具有绿色食品生产条件的国内生产企业如需在其生产的产品上使用绿色食品标志，必须按以下的程序提出申请。境外企业申请使用绿色食品标志有特殊的规定。

(一)认证申请

(1)申请人向中心及其所在省(自治区、直辖市)绿色食品办公室、绿色食品发展中心(以下简称省绿办)领取《绿色食品标志使用申请书》《企业及生产情况调查表》及有关资料，或从中国绿色食品发展中心网站(网址：www. greenfood. org. cn)下载。

(2)申请人填写并向所在省绿办递交《绿色食品标志使用申请书》《企业及生产情况调查表》及以下材料。

①保证执行绿色食品标准和规范的声明。

②生产操作规程(种植规程、养殖规程、加工规程)。

③公司对“基地+农户”的质量控制体系(包括合同、基地图、基地和农户清单、管理制度)。

④产品执行标准。

⑤产品注册商标文本(复印件)。

⑥企业营业执照(复印件)。

⑦企业质量管理手册。

⑧要求提供的其他材料(通过体系认证的,附证书复印件)。

(二)受理及文审

(1)省绿办收到上述申请材料后,进行登记、编号,5 个工作日内完成对申请认证材料的审查工作,并向申请人发出《文审意见通知单》,同时抄送中心认证处。

(2)申请认证材料不齐全的,要求申请人收到《文审意见通知单》后 10 个工作日提交补充材料。

(3)申请认证材料不合格的,通知申请人本生长周期不再受理其申请。

(4)申请认证材料合格的,执行第三条。

(三)现场检查、产品抽样

(1)省绿办应在《文审意见通知单》中明确现场检查计划,并在计划得到申请人确认后委派 2 名或 2 名以上检查员进行现场检查。

(2)检查员根据《绿色食品检查员工作手册》(试行)和《绿色食品产地环境质量现状调查技术规范》(试行)中规定的有关项目进行逐项检查。每位检查员单独填写现场检查表和检查意见。现场检查和环境质量现状调查工作在 5 个工作日内完成，完成后 5 个工作日内向省绿办递交现场检查评估报告和环境质量现状调查报告及有关调查资料。

(3)现场检查合格，可以安排产品抽样。凡申请人提供了近一年内绿色食品定点产品监测机构出具的产品质量检测报告，并经检查员确认，符合绿色食品产品检测项目和质量要求的，免产品抽样检测。

(4)现场检查合格，需要抽样检测的产品安排产品抽样：

①当时可以抽到适抽产品的，检查员依据《绿色食品产品抽样技术规范》进行产品抽样，并填写《绿色食品产品抽样单》，同时将抽样单抄送中心认证处。特殊产品(如动物性产品等)另行规定。

②当时无适抽产品的，检查员与申请人当场确定抽样计划，同时将抽样计划抄送中心认证处。

③申请人将样品、产品执行标准、《绿色食品产品抽样单》和检测费寄送绿色食品定点产品监测机构。

(5)现场检查不合格，不安排产品抽样。

(四)环境监测

(1)绿色食品产地环境质量现状调查由检查员在现场检查时同步完成。

(2)经调查确认，产地环境质量符合《绿色食品产地环境质量现状调查技术规范》规定的免测条件，免做环境监测。

(3)根据《绿色食品产地环境质量现状调查技术规范》的有关规定，经调查确认，必要进行环境监测的，省绿办自收到调查报告 2 个工作日内以书面形式通知绿色食品定点环境监测机构进行环境监测，同时将通知单抄送中心认证处。

(4)定点环境监测机构收到通知单后，40 个工作日内出具环境监测报告，连同填写的《绿色食品环境监测情况表》，直接报送中心认证处，同时抄送省绿办。

（五）产品检测

绿色食品定点产品监测机构自收到样品、产品执行标准、《绿色食品产品抽样单》、检测费后，20 个工作日内完成检测工作，出具产品检测报告，连同填写的《绿色食品产品检测情况表》，报送中心认证处，同时抄送省绿办。

（六）认证审核

（1）省级绿色食品办公室收到检查员现场检查评估报告和环境质量现状调查报告后，3 个工作日内签署审查意见，并将认证申请材料、检查员现场检查评估报告、环境质量现状调查报告及《省绿办绿色食品认证情况表》等材料报送中心认证处。

（2）中心认证处收到省绿办报送材料、环境监测报告、产品检测报告及申请人直接寄送的《申请绿色食品认证基本情况调查表》后，进行登记、编号，在确认收到最后一份材料后 2 个工作日内下发受理通知书，书面通知申请人，并抄送省绿办。

（3）中心认证处组织审查人员及有关专家对上述材料进行审核，20 个工作日内做出审核结论。

（4）审核结论为“有疑问，需现场检查”的，中心认证处在 2 个工作日内完成现场检查计划，书面通知申请人，并抄送省绿办。得到申请人确认后，5 个工作日内派检查员再次进行现场检查。

（5）审核结论为“材料不完整或需要补充说明”的，中心认证处向申请人发送《绿色食品认证审核通知单》，同时抄送省绿办。申请人需在 20 个工作日内将补充材料报送中心认证处，并抄送省绿办。

（6）审核结论为“合格”或“不合格”的，中心认证处将认证材料、认证审核意见报送绿色食品评审委员会。

（七）认证评审

（1）绿色食品评审委员会自收到认证材料、认证处审核意见后10个工作日内进行全面评审，并做出认证终审结论。

(2)认证终审结论分为两种情况。①认证合格；②认证不合格。

(3)结论为“认证合格”，执行第(八)。

(4)结论为“认证不合格”，评审委员会秘书处在做出终审结论，2个工作日内，将《认证结论通知单》发送申请人，并抄送省绿办。本生产周期不再受理其申请。

(八)颁证

(1)中心在5个工作日内将办证的有关文件寄送“认证合格”申请人，并抄送省绿办。申请人在60个工作日内与中心签定《绿色食品标志商标使用许可合同》。

(2)中心主任签发证书。

绿色食品认证程序见图7-9。

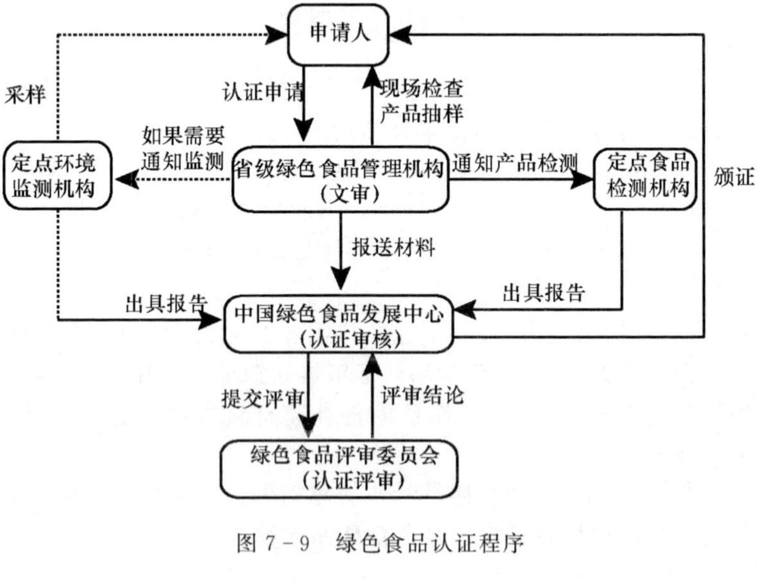

图7-9 绿色食品认证程序

第四节　有机食品认证

一、有机农业与有机食品概念

（一）有机农业的概念

有机农业是指在农业生产中按照生态学原理和自然规律，遵循土壤、植物、动物、微生物、人类、生态系统和环境之间动态相互作用的原则，协调种植业和养殖业的平衡，采用一系列可持续发展的农业技术，维持持续稳定的农业生产过程的一种农业生产方式。

在有机农业生产中，禁止使用化学合成的农药、化肥、生长调节剂、饲料添加剂等物质，也禁止采用基因获得的生物及其产物以及离子辐射技术，提倡建立包括豆科植物在内的作物轮作体系，利用秸秆还田、种植绿肥和利用动物粪便等措施培肥土壤，保持养分循环；要求选用抗性作物品种，采取物理的和生物的措施防治病虫草害，鼓励采用合理的耕作措施，保护生态环境，防止水土流失，保持生态体系及周围环境的生物多样性和基因多样性等。

有机农业在哲学上强调“与自然秩序相和谐”“天人合一，物土不二”，强调适应自然而不干预自然；在手段上主要依靠自然的土壤和自然的生物循环；在目标上追求生态的协调性，资源利用的有效性，营养供应的充分性。因此，有机农业是产生于一定社会、历史和文化背景下，吸收了传统农业精华，运用生物学、生态学和农业科学原理和技术发展起来的农业可持续发展类型。有机农业的核心是建立和恢复农业生态系统的生物多样性和良性循环，以促进农业的可持续发展。

（二）有机食品的概念

2005年颁布的国家标准《有机产品》(GB/T 19630－2005)将有机食品纳入到有机产品中，而农业部推行的“三位一体、整体推进”的工作格局中为“有机农产品”，国外普遍称谓为“有机食品”。鉴于我国目前有机认证以农产品和初加工农产品为主，为了表述方便，除特别说明外，将有机产品、有机农产品统称为“有机食品”。

“有机食品”是指以获得有机认证的农产品或野生产品为原料，按照有机食品生成、加工标准生产加工出来，并经有资质的有机认证机构认证的食品。

有机食品包括谷物、蔬菜、水果、饮料、奶类、畜禽产品、调料、油类、食用菌、蜂蜜、水产品等。

有机食品的最大特点是在原料生产与产品加工过程中不使用任何人工合成的农药、化肥、除草剂、生长激素、防腐剂和合成添加剂等化学物质。

有机食品通常需要具备以下4个条件：①原料必须来自于已建立的有机农业生产体系，或是采用有机方式采集的野生天然产品；②在整个产品生产过程中严格遵循有机食品的加工、包装、储藏、运输标准；③生产者在有机食品生产和流通过程中，有完善的质量控制和跟踪审查体系，有完整的生产和销售记录档案；④必须通过有资质的有机认证机构的认证。

当然除了有机食品外，还有有机化妆品、有机林产品、有机农业生产投入物质(生物农药、有机肥等)、有机纺织品、有机皮革产品等非食品类的有机产品。在国外甚至已经有了获得有机认证的餐厅和旅馆。

（三）有机产品标志及涵义

“中国有机产品标志”(图7－10)、“中国有机转换产品标志”(图7－11)的主要图案由3部分组成，即外围的圆形、中间的种子图形及其周围的环形线条。标志外围的圆形形似地球，象征和谐、安全，圆形中的“中国有机产品”和“中国有机转换产品”字样为中英文结合方式，即表示中国有机产品与世界同行，也有利于国内外消费者识别。

图 7-10　中国有机产品认证标志

图 7-11　中国有机转换产品认证标志

标志中间类似种子的图形代表生命萌发之际的勃勃生机，象征了有机产品是从种子开始的全过程认证，同时昭示出有机产品就如同刚刚萌生的种子，正在中国大地上茁壮成长。

种子图形周围圆润自如的线条象征环形的道路，与种子图形合并构成汉字“中”，体现出有机产品植根中国，有机之路越走越宽广。同时，处于平面的环形又是英文字母“C”的变体，种子形状也是“O”的变形，意为“China Organic”。

绿色代表环保、健康，表示有机产品给人类的生态环境带来完美与协调。橘红色代表旺盛的生命力，表示有机产品对可持续发展的作用。“中国有机转换产品认证标志”中的褐黄色代表肥沃的土地，表示有机产品在肥沃的土壤上不断发展。

二、有机食品认证程序

有机食品认证属于产品认证的范畴，虽然各认证机构的认证程序有一定差异，但根据《中华人民共和国认证认可条例》、国家质量监督检验检疫总局《有机产品认证管理办法》、国家认证认可监督管理委员会《有机产品认证实施规则》和中国认证机构国家认可委员会《产品认证机构通用要求：有机产品认证的应用指南》的要求以及国际通行做法，有机食品认证的模式通常为“过程检查＋必要的产品和产地环境检测＋证后监督”。认证程序一般包括认证申请和受理、检查准备与实施、合格评定和认证决定、监督与管理这些主要流程。广义的有机食品除包括可食用的有机食品外，还包括农药、肥料、饲料添加剂、兽药、渔药等农业生产资料及其他产品，其认证程序与有机食品的认证程序相同。

（一）申请与受理

1. 认证机构公开信息

在认证申请和受理阶段，对于认证机构来说，应当向所有申请者公开如下信息。

(1)国家认证认可监督管理委员会批准的认证范围和中国认证机构国家认可委员会认可的认证范围。

(2)认证程序和认证要求。

(3)认证依据标准。

(4)认证收费标准。

(5)认证机构和申请人的权利、义务。

(6)认证机构处理申诉、投诉和争议的程序。

(7)批准、暂停和撤销认证的规定和程序。

(8)对获证单位或者个人使用中国有机产品标志、中国转换期有机产品标志、认证机构的标识和名称的要求。

(9)对获证单位或者个人按照认证证书的范围进行正确宣传的要求。

在申请者明确认证意向时，认证机构向消费者发放申请书和调查表等相关资料。为了便于比较全面、准确地了解申请者关于认证的基本情况，认证机构一般都备有固定格式的申请表和农场、加工厂、流通贸易等基本情况调查表。

2. 申请者提交材料

对于申请有机食品认证的单位或者个人，根据有机食品生产或者加工活动的需要，可以向有机食品认证机构申请有机食品生产认证或者有机食品加工认证。根据《有机产品认证管理办法》和《有机产品认证实施细则》等的规定，申请者应当向有机食品认证机构提出书面申请，并提交下列材料。

(1)申请人的合法经营资质文件，如土地使用证、营业执照、租赁合同等；当申请人不是有机食品的直接生产或加工者时，申请人还需要提交与有机食品供应方签订的书面合同。

(2)申请人及有机生产、加工的基本情况，包括申请人及其生产者名称、地址、联系方式；产地(基地)或加工场所的名称、基本情况；过去三年间的生产历史，包括对农事、病虫草害防治、投入物使用及收获情况的描述；生产、加工规模，包括品种、面积、产量、加工量等描述；申请和获得其他有机食品认证情况。

(3)产地(基地)区域范围描述，包括地理位置图、地块分布图、地块图、面积、缓冲带，周围临近地块的情况说明等；加工场所周边环境描述、厂区平面图、工艺流程图等。

(4)申请认证的有机食品生产、加工、销售计划，包括品种、面积、预计产量、加工产品品种、预计加工量、销售产品品种和计划销售量、销售去向等。

(5)产地(基地)、加工场所有关环境质量的证明材料。

(6)有关专业技术和管理人员的资质证明材料。

(7)保证执行有机食品标准的声明。

(8)有机生产、加工的管理体系文件。

(9)其他相关材料。

个体小农户一般采取团体认证的形式申请认证。如果多个农户在同一地区从事农业生产，这些农户都愿意以有机方式开展生产，并且建立了严密的组织管理体系和内部检查体系，可以保证有机生产措施得到有效实施，那么这些农户所拥有的土地可以被看做是一个整体的独立的农场。小农户组织管理体系，可以是按章程组织起来的农民专业生产协会或专业生产合作社等农民合作组织，也可以是按契约关系与"农业龙头企业"组成的"农户＋基地＋企业"利益共同体，还可以是按其他形式有效组成的组织。

在此期间，认证机构一方面应当对申请者提出的认证申请进行评审，重点关注申请是否符合有机认证基本要求和相关文件及资料是否齐全，明确该申请是否符合申请条件；另一方面，明确该申请是否处在本认证机构的认可范围、能力范围或资源范围之内，完成该项认证所需的资源和时间等，在规定的时间内做出是否受理的决定。在此基础上，认证机构和申请者之间应当签订正式的书面认证协议，明确认证依据、认证范围、认证费用、现场检查日期、双方责任、证书使用规定、违约责任等事项。

(二)检查准备与实施

认证协议签订后，认证机构即安排相关人员对该项认证进行策划，根据申请者的专业特点和性质确定认证依据，选择并委派进行现场检查的检查员组成检查组，必要时配备相应的技术专家。

1. 检查准备

认证机构应向检查员提供充分的信息，以便检查员为检查实施做适当准备。认证机构或检查组一般要对申请者提交的有机食品认证所需的文件资料的符合性、完整性、充分性进行审核和基本判定，文件审核时重点关注有机生产技术规程、有机加工操作规程、与保持有机完整性有关的基本情况及其控制程序、产品检测报告以及法律法规的基本要求等，将审核意见编制成文件审核报告，并提交给申请者。若申请者的文件不能完全符合要求时，一般要求申请者在双方确定的现场检查日期前将文件审核报告中提出的不符合全部纠正完毕，也可能安排检查员在现场检查中进行验证。

现场检查包括例行检查和非例行检查。例行检查包括首次认证检查和例行换证检查，也称监督检查，例行检查每年至少一次。非例行检查是在获证者中按一定比例随机抽取检查对象、或对被举报对象进行的不通知检查，也称飞行检查。对于产地(基地)的首次检查，检查范围应不少于2/3的生产活动范围。对于多农户参加的有机生产，访问的农户数不少于农户总数的平方根。

检查组根据文件审核评审的结果和相关信息，对现场检查进行策划，与受检查方保持密切的沟通，确定检查的范围、场所、日期及检查组的分工等，一般以书面形式将现场检查计划通知受检查方并获得确认。

对受检查方的有机生产或加工场所进行现场检查是有机食品认证的核心环节。检查通常在认证产品的收获前或加工期间进行。特别是对农产品的检查，应在作物和畜禽的收获或屠宰以前进行。

2. 现场检查

现场检查的主要工作内容是对受检查方的有机生产和加

工、包装、仓储、运输、销售等过程及其场所进行检查和核实，评价这些过程是否符合认证依据的要求、技术措施和管理体系能否保证有机食品的质量，评估是否存在破坏有机完整性的风险，审核记录保持系统是否具有可追索性，收集与支持认证决定有关的证据和材料等。

现场检查的另一项重要工作是对受检查方的有机生产或加工的能力和规模进行核实，核算认证年度中有机作物、畜禽等生产或加工产品的种类及其数量，以便在有机食品证书上予以明确界定。

现场检查包括对转换期的追溯核查、分离生产、平行生产、转基因产品的核查，也包括对特殊情况和范围的检查如小农户的检查、投入物的核查等，确认生产、加工过程与认证依据标准的符合性。检查过程至少应包括以下方面。

(1)对生产地块、加工、贮藏场所等的检查。

(2)对生产管理人员、内部检查人员、生产者的访谈。

(3)对 GB/T 19630.4—2005:《有机产品第 4 部分：管理体系》4.2.6 条款所规定的生产、加工记录的检查。

(4)对追踪体系的评价。

(5)对内部检查和持续改进的评估。

(6)对产地环境质量状况及其对有机生产可能产生污染的风险的确认和评估。

(7)必要时，对样品采集与分析。

(8)使用时，对上一年度认证机构提出的整改要求执行情况进行检查。

(9)在结束检查前，对检查情况进行总结，明确存在的问题，并确认整改的方式和期限等，同时允许被检查方对存在的问题进行说明。

(10)在完成现场检查后，根据现场检查发现，编制并向认证机构提交公正、客观和全面的关于认证要求符合性的检查报告。

（三）合格评定与认证决定

认证机构应根据评价过程中收集的信息、检查报告和其他有关信息，评价所采用的标准等认证依据及法律法规的适用性和符合性、现场检查的合理性和充分性、检查报告及证据和材料的客观性、真实性和完整性等，并重点进行有机生产和加工过程符合性判定、产品质量安全符合性判定以及产品质量是否符合执行标准的要求，最终做出能否发放证书的决定。

申请人的生产活动及管理体系符合认证标准的要求，认证机构予以批准认证。生产活动、管理体系及其他相关方面不完全符合认证标准的要求，认证机构提出整改要求，申请人已经在规定的期限内完成整改、或已经提交整改措施并有能力在规定的期限内完成整改以满足认证要求的，认证机构经过验证后可批准认证。

1. 不予颁证

申请人的生产活动存在以下情况之一，认证机构不予批准认证。

(1)未建立管理体系，或建立的管理体系未有效实施。

(2)使用禁用物质。

(3)生产过程不具有可追溯性。

(4)未按照认证机构规定的时间完成整改，提交整改措施，或所提交的整改措施未满足认证要求。

(5)其他严重不符合有机标准要求的事项。

认证机构应当按照认证依据的要求及时做出认证结论，并保证认证结论的客观、真实。对不符合认证要求的，应当书面通知申请人，并说明理由。根据相关认可准则的规定，认证决定可以由认证机构委托的一组人(一般称作颁证委员会、技术委员会）或某个人做出。认证机构应当对其做出的认证结论负责。

2. 颁发证书

对符合有机食品认证要求的，认证机构应当向申请人出具有机食品认证证书，并准许其使用有机食品认证标志。属于有机食品转换期间的产品，证书中应当注明"转换"字样和转换期限，并应当使用注明"转换"字样的有机食品认证标志。有机食品认证证书的有效期为一年。

虽然各认证机构证书的式样和格式有所区别，但证书的主要内容都包括以下几个方面。

(1)获证单位或个人名称、地址。

(2)获证产品的数量、产地面积和产品种类。

(3)有机食品认证的类别。

(4)依据的标准或者技术规范。

(5)有机食品认证标志的使用范围、数量、使用形式或者方式。

(6)颁证机构、颁发日期、有效期和负责人签字。

(7)属于有机食品转换期间的，注明"转换"字样和转换期限。

（四）监督和管理

有机食品认证证书有效期通常为一年。获证者应在有效期期满前向认证机构申请年度换证，认证机构将由此启动监督换证检查程序。认证机构应当按照规定对获证单位和个人、获证产品及生产、变更情况等进行有效跟踪检查，即年度换证例行检查。例行检查至少一年一次。

申请人应及时就产品更改、生产过程更改或区域扩大、管理权或所有权等更改通知认证机构。

监督检查还包括非例行检查，非例行检查不应事先通知。

非例行检查的对象和频次等可基于有关认可规则和认证机构对风险的判断及来源于社会、政府、消费者对获证产品的信息反馈。

根据需要定期或不定期进行产地(基地)环境检测和产品样品检测，保证认证、检测结论能够持续符合认证要求。

根据有关规定，认证机构在发放证书时应当告知获证者有关保持认证、证书变更、重新申请、证书撤销、注销、暂停等管理规定和事项。

1. 保持认证

获证者在有机食品认证证书有效期期满前，应向认证机构申请，履行保持认证的相关程序。

(1)申请人提出申请，领取相关文件，按《有机食品生产技术准则》的要求，完善本企业的质量管理体系、质量保证体系的技术措施和质量信息追踪及处理体系。

(2)认证机构制定检查计划和核算认证费用(该费用可能与上一年费用不同)之后，向企业寄发《受理通知书》。

(3)检查员依据《有机食品生产技术准则》的要求，对申请人的质量管理体系、生产过程控制体系、追踪体系以及产地、生产、加工、仓储、运输、贸易等进行实地检查评估，尤其是申请人对上一年颁证整改要求的完成落实情况进行核实检查。必要时，检查员需对土壤、产品抽样，由检查员和申请人共同封样，将样品送指定的质检机构检测。

(4)检查员完成检查后按要求编写检查报告。认证机构根据申请人提供的保持认证调查表等相关材料以及检查员的检查报告和样品检验报告等进行综合审查评估，做出同意颁证、有条件颁证、有机转换颁证或拒绝颁证等决定。证书有效期为一年，并同时办理有机食品商标的使用手续。

2. 证书变更

获证者在有机食品认证证书有效期内，发生下列情形之一的，应当向认证机构办理变更手续：

(1)获证单位或者个人、有机食品生产、加工单位或者个人发生变更的。

(2)产品种类变更的。

(3)有机食品转换期满，需要变更的。

3. 重新申请证书

获证者在有机食品认证证书有效期内，发生下列情形之一的，应当向有机食品认证机构重新申请认证。

(1)产地(基地)、加工场所或者经营活动发生变更的。

(2)其他不能持续符合有机食品标准、相关技术规范要求的。

4. 证书撤销、注销、暂停的规定

获证者发生下列情形之一的，认证机构应当及时做出暂停、注销、撤销认证证书的决定：

(1)获证产品不能持续符合标准、技术规范要求的。

(2)获证单位或者个人、有机食品生产、加工单位发生变更的。

(3)产品种类与证书不相符的。

(4)证书超过有效期的。

(5)未按规定加施或者使用有机食品标志的。

对于撤销和注销的证书，有机食品认证机构应当予以收回。

第五节　农产品地理标志登记

一、农产品地理标志保护概述

我国加入 WTO 后，“地理标志”作为一项知识产权越来越被国人所注意。相对知识产权体系的其他领域，地理标志对很多人来说似乎很陌生。但事实上，地理标志对社会大众来说是接触最多、感受最直接的知识产权之一，因为它与人们日常生活最基本和最经常接触的农产品及食品的关系最为密切，只是过去在我国没有将地理标志作为一种知识产权认识、对待以及加以制度性规定。通俗地讲，地理标志就是用商品的地理来源名称标示商品特性及声誉的标记，国际上被广泛运用于农产品及食品、传统的工业产品和手工艺品等诸多领域。对地理标志进行法律保护最主要的原因，是在于商品所具有的特性及声誉与其来源的地理及人文因素有不可替代的关联性，因而具有独特的商业价值，从而成为推销产品的一种有力工具，能给权利人带来竞争优势和经济利益。

(一)农产品地理标志概念的形成及内涵

1. 地理标志概念的形成

“地理标志”(又译为地理标记)概念是在产地标记、原产地名称概念的基础上，通过长期发展，目前被普遍接受的一个概念。人类社会从自然经济向商品经济转变中，一开始进入交换及贸易的产品，主要是农副土特产品，或者是以农产品为原料、与当地特定条件及独特工艺密切相关的初级加工品；这些产品中大多数用以相互区别的方式及标志主要是产地名称。因此，在这种交易过程中，当某种产品的品质、质量及特色得到人们的认知接受，其产地的名称往往就成为这种产品的代称。

这也是我国及世界各国许多传统名、特、优农产品形成的过程，也正是地理标志的渊源和背景。

1883 年《保护工业产权巴黎公约》提到了对"产地标记"的保护。1891 年《制止虚假或欺诈性商品产地标记马德里协定》也提到了各国可以在进口时扣押带有虚假或欺骗性"产地标记"的商品。1958 年里斯本外交会议通过了《原产地名称保护及其国际注册里斯本协定》，该协定将原产地名称定义为"某个国家、地区或地方的地理名称，用于指示某项产品来源于该地，其质量或特征完全或主要取决于地理环境，包括自然和人为因素。"

世贸组织于 1994 年通过的《与贸易有关的知识产权协议》(TRIPS 协议)采用了"地理标志"这一概念，其中第二十二条第一款规定："本协议的地理标志系指下列标志：其标示出某商品来源于某成员地域内，或来源于该地域中某地区或某地方，该商品的特定质量、信誉或其他特征，主要与该地理来源相关联。"

我国在 2001 年 10 月新修订的《商标法》中也增加了地理标志的有关内容，其中，第十六条第二款明确规定，"前款所称地理标志，是指标示某商品来源于某地区，该商品的特定质量、信誉或者其他特征，主要由该地区的自然因素或者人文因素所决定的标志。"

由此，可从 3 个方面把握地理标志的含义：首先，它是表示商品地理来源的标志，即自然属性；其次，此类商品往往具有特定的品质、信誉或其他特征，即核心属性；最后，此商品特定的品质、信誉或其他特征与该地理来源有一定程度的因果联系，即该商品的品质等主要由此地理来源的自然因素或人文因素所决定，也就是它的附加属性。

2. 农产品地理标志的概念

农业部于2007年12月25日颁布了《农产品地理标志管理办法》，并于2008年2月1日起施行。该办法中对农产品地理标志做出了明确定义：“农产品地理标志是指标示农产品来源于特定地域，产品品质和相关特征主要取决于自然生态环境和历史人文因素，并以地域名称冠名的特有农产品标志。”此处所称的农产品是指来源于农业的初级产品，即在农业活动中获得的植物、动物、微生物及其产品。

3. 农产品地理标志的图形及含义

农产品地理标志公共标识基本图案(图7-12)由中华人民共和国农业部中英文字样、农产品地理标志中英文字样、麦穗、地球、日月等元素构成。公共标识的核心元素为麦穗、地球、日月相互辉映，麦穗代表生命与农产品，同时从整体上看是一个地球在宇宙中的运动状态，体现了农产品地理标志和地球、人类共存的内涵。标识的颜色由绿色和橙色组成，绿色象征农业和环保，橙色寓意丰收和成熟。

图7-12　农产品地理标志公共标识图案

(二)地理标志与商标的区别

地理标志和商标都是并列的特殊形态的知识产权。地理标志不仅从属于人的创造力和劳动，同时还从属于地域、气候、水、土壤等自然条件；而商标只从属于人，与自然条件无关。商标是区别商品不同特征的一种专用标志。标志可以注册为商标，但标志决不等于商标，商标只是标志的一类。

地理标志与商标的区别是非常明显的。

第一，商标制度无法解决地理标志的产权归属问题。如前所述，地理标志是一个地域的名称，属于这个地域共有，而不能属于某个特定的企业或公民个人单独享有。由地理、人文、历史文化遗产组合构成的产品的无形资产应当由国家所有，这一地域的企业或组织只拥有其使用权。

商标本质上是一种私权利，可由个人或单个企业所有。如果把地理标志作为商标交由个人、单个企业或协会持有，就无法保证地理标志地域内的其他企业公平竞争，有可能会引起产权纠纷。

第二，商标无法保证地理标志产品特征的唯一性。地理标志在空间上，只从属于特定的地域和特定的自然地理条件，具有唯一性，不允许任意转让和买卖。在时间上，地理标志具有永久性，只要自然地理条件不变，产品特性不变，法律制度不变，就可以继续使用，甚至永久使用。而商标则不仅可以由任何厂商持有，而且可以跨地区、跨国进行买卖、转让、许可使用，不仅无法保护地理标志地域内企业的利益，而且还可能会造成产地误导，侵害消费者的利益，更无法保证产品的质量和信誉。在时间上，商标的使用是有限制的，按有关规定，商标注册有效期满不申请续展的，商标将被注销。

第三，在管理制度和方法上，商标制度无法保证产品的质量和信誉。商标注册仅仅是一种权利人得到某种机关认可的声明程序，如同婚姻登记并不保证爱情生活质量一样，商标注册登记本身也不保证产品的质量和信誉。而以法国为例的原产地域(地理标志)产品保护制度，显然可以使产品的质量和信誉得到充分保障。通过制定法律、标准、技术法规、操作规程和运用检验、检疫等手段，对原料生产、加工、制作到销售进行全方位、全过程的监督管理，从而有效保证产品优良品质。

在国际范围的保护也是如此。如果作为商标，要保护就要到国外申请注册，这不仅难以避免恶意抢注问题，而且会带来保护成本高昂的经济问题。地理标志按照《与贸易有关的知识产权协议》(TRIPS 协议)，由于其地理文化遗产的排他性，可在 WTO 成员范围内自动得到承认和保护。

第四，按照国际惯例，地理标志原则上不能用作注册商标。TRIPS 协议第二十三条第三款规定：如果申请注册的商标中“含有误导公众对商品的真正来源地产生误解”的地理标志，则成员应当依法拒绝其商标注册的申请，已经注册的商标则应当予以撤销。

二、基本要求

(一)产品条件

申请地理标志登记的农产品，应当符合下列条件：①称谓由地理区域名称和农产品通用名称构成；②产品有独特的品质特性或者特定的生产方式；③产品品质和特色主要取决于独特的自然生态环境和人文历史因素；④产品有限定的生产区域范围；⑤产地环境、产品质量符合国家强制性技术规范要求。

(二)申请人要求

农产品地理标志登记申请人为县级以上地方人民政府根据下列条件择优确定的农民专业合作经济组织、行业协会等组织。该组织要具有监督和管理农产品地理标志及其产品，为地理标志农产品生产、加工、营销提供指导服务，具有独立承担民事责任等能力。

三、登记管理

（一）登记申请

符合农产品地理标志登记条件的申请人，可以向省级人民政府农业行政主管部门提出登记申请，并提交下列申请材料：①登记申请书；②申请人资质证明；③产品典型特征特性描述和相应产品品质鉴定报告；④产地环境条件、生产技术规范和产品质量安全技术规范；⑤地域范围确定性文件和生产地域分布图；⑥产品实物样品或者样品图片；⑦其他必要的说明性或者证明性材料。

（二）审查

省级人民政府农业行政主管部门自受理农产品地理标志登记申请之日起，应当在 45 个工作日内完成申请材料的初审和现场核查，并提出初审意见。符合条件的，将申请材料和初审意见报送农业部农产品质量安全中心；不符合条件的，应当在提出初审意见之日起 10 个工作日内将相关意见和建议通知申请人。

农业部农产品质量安全中心应当自收到申请材料和初审意见之日起 20 个工作日内，对申请材料进行审查，提出审查意见，并组织专家评审。经专家评审通过的，由农业部农产品质量安全中心代表农业部对社会公示。有关单位和个人有异议的，应当自公示截止日起 20 日内向农业部农产品质量安全中心提出。公示无异议的，由农业部做出登记决定并公告，颁发《中华人民共和国农产品地理标志登记证书》，公布登记产品相关技术规范和标准。

（三）证书使用

农产品地理标志登记证书长期有效。但有下列情形之一的，登记证书持有人应当按照规定程序提出变更申请：①登记证书持有人或者法定代表人发生变化的；②地域范围或者相应自然生态环境发生变化的。

四、标志使用

（一）申请

生产经营的农产品产自登记确定的地域范围、已取得登记农产品相关的生产经营资质、能够严格按照规定的质量技术规范组织开展生产经营活动、具有地理标志农产品市场开发经营能力的单位和个人，可以向登记证书持有人申请使用农产品地理标志。

（二）使用

使用农产品地理标志，应当按照生产经营年度与登记证书持有人签定农产品地理标志使用协议，在协议中载明使用的数量、范围及相关的责任义务。农产品地理标志登记证书持有人不得向农产品地理标志使用人收取使用费。

（三）农产品地理标志使用人的权利和义务

(1)权利。农产品地理标志使用人可以在产品及其包装上使用农产品地理标志，可以使用登记的农产品地理标志进行宣传和参加展览、展示及展销。

(2)义务。农产品地理标志使用人要自觉接受登记证书持有人的监督检查，保证地理标志农产品的品质和信誉，正确规范地使用农产品地理标志。

（四）监督管理

县级以上人民政府农业行政主管部门应当加强农产品地理标志监督管理工作，定期对登记的地理标志农产品的地域范围、标志使用等进行监督检查。登记的地理标志农产品或登记证书持有人不符合规定的，由农业部注销其地理标志登记证书并对外公告。

第六节　名牌农产品认定

一、基本条件

（一）申请人需要具备的条件

（1）申请人要具有独立的企业法人或社团法人资格，法人注册地址在中国境内。

（2）有健全和有效运行的产品质量安全控制体系、环境保护体系，建立了产品质量追溯制度。

（3）按照标准化方式组织生产。

（4）有稳定的销售渠道和完善的售后服务。

（5）最近三年内无质量安全事故。

（二）申请“中国名牌农产品”称号的产品，需要具备的条件

（1）产品符合国家有关法律法规和产业政策的规定。

（2）在中国境内生产，有固定的生产基地，批量生产至少三年。

（3）在中国境内注册并归申请人所有的产品注册商标。

（4）符合国家标准、行业标准或国际标准。

（5）市场销售量、知名度居国内同类产品前列，在当地农业和农村经济中占有重要地位，消费者满意程度高。

（6）产品质量检验合格；

（7）食用农产品应获得“无公害农产品”“绿色食品”或者“有机食品”称号之一。

（8）开展过省级名牌认定的要求是省级名牌农产品，不是省级名牌农产品的，由省级农业行政主管部门出具本省未开展省级名牌农产品认定工作的证明。

二、认定程序

农业部成立中国名牌农产品推进委员会，负责组织领导中国名牌农产品评选认定工作，中国名牌农产品实行年度评审制度。

（一）申报范围

种植业类、畜牧业类、渔业类初级产品。

（二）申报材料

(1)《中国名牌农产品申请表》。

(2)申请人营业执照和注册商标复印件。

(3)农业部授权的检测机构或其他通过国家计量认证的检测机构按照国家或行业等标准对申报产品出具的有效质量检验报告原件。

(4)采用标准的复印件。

(5)申请产品获得专利的提供产品专利证书复印件及地级市以上知识产权部门对申请人知识产权有效性的意见。

(6)申请产品获得科技成果奖的，提供省级以上(含省级)政府或科技行政主管部门的科技成果获奖证书复印件。

(7)申请人获得产品认证的，提供相关证书复印件。

(8)由当地税务部门提供的税收证明复印件。

(9)其他相关证书、证明复印件。

（三）申报程序

符合条件的申请人向所在省(自治区、直辖市及计划单列市)农业行政主管部门，提交一式两份《中国名牌农产品申请表》和其他申报材料的纸质件。各省(自治区、直辖市及计划单列市)农业行政主管部门省(自治区、直辖市及计划单列市)农业行政主管部门负责申报材料真实性、完整性的审查。符合条件的，签署推荐意见，报送名推委办公室。凡是没有省(自治区、直辖市及计划单列市)农业行政主管部门推荐意见的申报材料，不予受理。

中国名牌农产品推进委员会(以下简称名推委)办公室组织评审委员会对申报材料进行评审，形成推荐名单和评审意见，上报名推委。名推委召开全体会议，审查推荐名单和评审意见，形成当年度的中国名牌农产品拟认定名单，并通过新闻媒体向社会公示，广泛征求意见。名推委全体委员会议审查公示结果，审核认定当年度的中国名牌农产品名单。对已认定的中国名牌农产品，由农业部授予"中国名牌农产品"称号，颁发《中国名牌农产品证书》，并向社会公告。

三、监督管理

(一)中国名牌农产品有效期管理规定

"中国名牌农产品"称号的有效期为三年。在有效期内，《中国名牌农产品证书》持有人应当在规定的范围内使用"中国名牌农产品"标志。

对获得"中国名牌农产品"称号的产品实行质量监测制度。获证申请人每年应当向名推委办公室提交由获得国家级计量认证资质的检测机构出具的产品质量检验报告。名推委对中国名牌农产品进行不定期抽检。

(二)中国名牌农产品撤销管理规定

《中国名牌农产品证书》持有人有下列情形之一的，撤销其"中国名牌农产品"称号，注销其《中国名牌农产品证书》，并在3年内不再受理其申请：

(1)有弄虚作假行为的。

(2)转让、买卖、出租或者出借中国名牌农产品证书和标志的。

(3)扩大“中国名牌农产品”称号和标志使用范围的。

(4)产品质量抽查不合格的，消费者反映强烈，造成不良后果的。

(5)发生重大农产品质量安全事故，生产经营出现重大问题的。

(6)有严重违反法律法规行为的。

未获得或被撤销“中国名牌农产品”称号的农产品，不得使用“中国名牌农产品”称号与标志。

从事中国名牌农产品评选认定工作的相关人员，应当严格按照有关规定和程序进行评选认定工作，保守申请人的商业和技术秘密，保护申请人的知识产权。

第八章　农业生物转基因的监督管理

第一节　引　言

一、发展生物转基因技术的必要性

（一）转基因技术引领现代农业科学技术的发展

转基因食品是建立在人类对遗传物质本质的深刻认识和现代生物技术高度综合的基础上，对物种进行定向遗传改良的高科技产品，它标志着人类驾驭自然能力的飞跃。经过遗传修饰的转基因生物，往往具有更优良的经济性状，更加符合人类的需要。以基因工程为主导的生物技术对全球面临的许多重大问题，如粮食不足、能源危机、环境污染及疾病治疗等可望提供切实有效的解决办法，因此也可能会决定一个国家的经济命运。

（二）生物转基因技术优势明显

近 20 多年来，转基因食品的研发取得了举世瞩目的成就，转基因植物已有百余种，而且正在日新月异地改变着世界农业的现状；各种转基因动物相继研制成功，多种基因工程药物及疫苗已投入临床应用，分子农业通过生产抗体、药物、疫苗及环境净化已成为现代农业发展的重要方向。转基因食品在解决食品短缺、保障食物安全、促进人类健康、保护生态环境等方面无疑将产生越来越大的影响。

1996—2007年，全球转基因作物的累计收益高达440亿美元，累计减少杀虫剂使用35.9万t。2008年，全球转基因产品市场价值达到75亿美元。

（三）生物转基因技术是农业可持续发展的重要措施

经过多年的发展，转基因作物育种取得了巨大的经济社会效益和显著的生态效益，其推广应用速度之快更创造了近代农业科技发展的奇迹，虽然转基因安全性问题一直存在争议，但转基因技术发展已是大势所趋，成为农业科学技术发展的必然，随着科学实践的不断积累，社会对转基因技术的认识也会逐步走向科学和理性，转基因产品不仅为广大农民所欢迎，也将为更多的消费者所接受，转基因育种未来发展前景将更加广阔。

（四）全球转基因作物发展势头强劲

1983年首例转基因烟草问世，1994年转基因番茄Flavr Savr上市，由此揭开了转基因食品进入人类食物链的序幕。截至2009年年底，全球已有25个国家批准了24种转基因作物的商业化应用。以转基因大豆、棉花、玉米、油菜为代表的转基因作物种植面积，由1996年的2 550万亩[①]发展到2009年的20亿亩，14年间增长了79倍。

美国是最大的种植国，2009年种植面积9.6亿亩；其次是巴西，3.21亿亩；阿根廷，3.195亿亩；印度，1.26亿亩；加拿大，1.23亿亩；中国，5 550万亩；巴拉圭，3 300万亩；南非，3 150万亩。

自20世纪80年代以来，我国转基因技术取得了显著进展。1997年我国商业化种植转基因棉花，截至2010年共培育转基因抗虫棉品种200多个，全年种植面积达到330万hm^2（占棉花种植面积的75%），累计效益超过380亿元，从根本

---

① 1亩≈666.67m^2

上解决了困扰我国棉花生产中的棉铃虫为害问题。

二、转基因食品的应用管理

（一）转基因技术自诞生以来，争论就从未间断过

美国在激烈争论中逐渐形成了基本共识，抓住技术发展机遇，抢占产业发展先机，迅速成为转基因产业的全球霸主。欧盟对转基因的态度曾一度比较消极，但近年来趋向积极，一方面加紧研究，一方面放宽转基因食品进口，2010 年还批准了转基因马铃薯商业化种植。在激烈争论中，世界转基因研究应用一直保持快速发展态势。

（二）Bt 蛋白的安全性

抗虫转基因水稻中的 Bt 蛋白质是一种高度专一的杀虫蛋白，只能与鳞翅目害虫肠道上皮细胞的特异性受体结合，引起害虫肠麻痹，造成害虫死亡，而人类肠细胞没有该蛋白的结合位点，因此不会对人体造成伤害。

Bt 蛋白的来源生物苏云金芽孢杆菌已有 100 多年，作为杀菌剂使用也有 70 多年，大规模种植和应用转 Bt 基因玉米、棉花等作物已超过 15 年，至今没有苏云金芽孢杆菌及蛋白引起过敏反应的报告。

（三）转基因生物安全有保障

全球转基因作物规模化应用已十多年了，种植面积、作物种类、加工食物种类和食用人群逐年扩大，但由于实施了规范管理和科学评价，全世界每年上亿公顷土地种植转基因作物，每年数亿人群食用转基因食品，迄今尚未发现确有科学实证的转基因食用和环境安全问题。

（四）经批准的转基因生物是安全的

农业转基因作物总体上是安全的，它的风险是可以预防和控

制的。对于经过科学评估、依法审批证明是安全的转基因作物应当积极地推进应用，让它促进农业生产发展，为人类造福。

当然，对转基因技术也要继续深入研究，不断提高安全管理水平，以便及时预测、防范和控制潜在风险，使这一技术不断发展完善。

（五）科学家的试验表明转基因食品是安全的

任何一种转基因食品在上市之前都进行了大量的科学试验，国家和政府有相关的法律法规进行约束，而科学家们也都抱有很严谨的治学态度。

传统的作物在种植的时候农民会使用农药来保证质量，而有些抗病虫的转基因食品无须喷洒农药。一种食品会不会造成中毒主要是看它在人体内有没有受体和能不能被代谢掉，转化的基因是经过筛选的、作用明确的，所以转基因成分不会在人体内积累，也就不会有害。

第二节 转基因基础知识与原理

一、什么是基因，什么是转基因

基因是遗传的物质基础，是 DNA（脱氧核糖核酸）分子上具有遗传信息的特定核苷酸序列的总称，是具有遗传效应的 DNA 分子片段。基因通过复制把遗传信息传递给下一代，使后代出现与亲代相似的性状。

转基因就是一种生物体内的基因转移到另一种生物或同种生物的不同品种中的过程。一般来说转基因是通过有性生殖过程来实现的。因此，转基因是大自然中每天都在发生的事情，只不过在自然界中，基因转移没有目标性，好的和坏的基因都可以一块转移到不同的生物个体。同时，通过自然杂交进行的转基因是严格控制在同一物种内(特别是在动物中)，或是亲缘关系很近的植物种类之间。人类为了要提高农作物的产量，改善农作物的品质和增强农作物的抗病虫、抗逆的能力，常常采用人工杂交、远缘杂交等方法来育种，希望将不同品种，甚至是野生近缘种中间的有益基因，转移到推广品种中间去。这种以人工杂交的方式进行转基因，增大了目的性，也培育出了成千上万的优良品种供人类食用。但是人工杂交的方法——转基因仍有许多局限，不能在亲缘关系较远的物种之间转移基因，已转移的基因中仍有大量不需要的基因甚至是有害的基因，转基因的效率较慢等。

二、生物转基因技术

生物转基因技术是将高产、抗逆、抗病虫、提高营养品质等已知功能性状的基因，通过现代科技手段转入到目标生物体中，使受体生物在原有遗传特性基础上增加新的功能特性，获得新的品种，生产新的产品，这种以生物技术的手段来转移基因的过程就是我们现在常常提到的转基因。它与自然的和传统通过人工杂交转移的基因没有本质上的区别，只是这种用生物技术来进行转基因有很强的目的性——只转移需要的基因，而将不需要和有害的基因统统拒之门外，这就大大地提高了转基因的效率和加快了品种改良的进程。同时，现代的转基因技术还可以从亲缘关系较远的生物中的基因，甚至是人工合成的基因转移到我们需要的品种中，扩大了可利用的种质资源。

三、转基因食品

就是利用转基因生物技术将分离克隆的单个或一组基因转移到某一种生物，这样的生物就是转基因生物，由这些转基因生物生产加工成的食品就称之为转基因食品。例如抗虫害、抗病毒、抗杂草的转基因玉米、黄豆、油菜、马铃薯、西葫芦等都是转基因食品。

四、转基因食品安全性问题

赞同的人：认为该项技术及其产品能大大提高人们的生活水平。

怀疑的人：则认为它走得"太快"了，在现实生活中可能会产生副作用。

目前对转基因植物的安全性评价主要集中在两个方面，一个是环境安全性，另一个是食品安全性。因为转基因技术和转基因产品目前还处在研究发展和完善的阶段，也可能存在着某些对人体和环境不利的因素。但有一点必须明确，凡是通过国家法律认可的转基因产品，都是经过国家级的食品安全检验，对于人体的健康在一般情况下应该是安全的。其实，据有关资料的报道，我国每年从美国进口的1 500万 t 大豆中有60%以上的都是转基因大豆。所以，我们也许已经食用了转基因大豆制品。到目前为止无论是在美国还是在中国，还没有见到一例因使用这些大豆及其产品而导致健康受损的情况报道。

五、基因转入生物体的方法

自然界中基因的转移是发生在相同物种或亲缘关系较近的物种之间的，转基因可以把一个物种的基因转移到另一个物种中去。首先，将我们认为有价值的基因通过克隆技术得到，然后通过植物转基因转化的方法(农杆菌介导转化法、基因枪法、电击法、花粉管通道法等)转入想改变的生物体的染色体上，通过筛选考察、安全性测定决定是否具有商品性。

（一）转基因技术路线

目的基因分离→植物表达载体的构建↘ 遗传转化→转化组织→
受体材料的准备↗

组织脱分化→转化植株筛选→炼苗

（二）植物遗传转化方法

植物遗传转化方法有：①间接转化法——农杆菌介导转化法。②直接转化法：a. 基因枪转化法；b. 电击法；c. 花粉管通道法；d. PEG 介导基因转化法。

1. 农杆菌介导转化法

以根瘤农杆菌转化双子叶植物叶片为例。

一是将表面消毒的叶片切成小块。将该小块在过夜培养并稀释到一定浓度的根瘤农杆菌液中浸泡几分钟，以便让根瘤农杆菌感染叶片切块的伤口。然后从菌液中捞出小块，培养基中培养 2 天，并在含头孢霉素选择培养基中筛选转化细胞。继续培养，转化的细胞分化出芽。将芽转入含有抗生素的生根培养基上，诱导生根。最后将完整的转基因植株移栽到土壤中。

2. 基因枪转化法

由美国 Cornell（康奈尔）大学的 Sanfor（1987）提出，它的主要原理是将包含目的基因的载体包被在微小的金属微粒（钨粒或金粒）表面，通过高压驱动力加速微粒穿透植物细胞壁，导入受体组织细胞内，然后通过组织培养再生出完整的植株。微粒上的外源 DNA 进入细胞后，整合到染色体上并得到表达，从而实现基因的转化。

利用基因枪的装置，将钨粉或金粉与 DNA 吸附制成“子弹”通过高压放电将“子弹”加速到 482m/s，在这种速度下，金属粒子能穿透植物细胞壁，击发一次可将成千上万个带有外源

DNA 的金属粒子同时射入完整的细胞或器官。

优点：单子叶和双子叶都可使用。

缺点：成本高，操作麻烦，通常只应用于单子叶。

3. 电击法

电击法的主要原理是将原生质体在溶液中与 DNA 混合，然后利用高压电脉冲作用，使原生质体膜的某些部位被击穿而产生可恢复的小孔，外源 DNA 可通过小孔进入原生质体内，而且不影响经电击处理的原生质体再生植物的能力，转化效率较低，且仅限于能由原生质体再生出植株的植物。

4. 花粉管通道法

花粉管通道法是利用开花植物授粉后形成的花粉管通道，直接将外源目的基因导入尚不具备正常细胞壁的卵、合子或早期胚胎细胞，实现目的基因转化。

5. PEG 介导基因转化法

PEG 介导基因转化的主要原理是聚乙二醇(PEG)、多聚-L-鸟核苷酸(pLO)、磷酸钙及高 pH 值条件下诱导原生质体摄取外源 DNA 分子。

PEG 是细胞融合剂，可通过引起细胞膜表面电荷的紊乱，干扰细胞间的识别，从而有利于细胞间融合和外源 DNA 分子进入原生质体。碳酸钙可与 DNA 结合形成 DNA－碳酸钙复合物而被原生质体摄入，见下表。

(三)常用的动物转基因技术

(1)核显微注射法。

(2)精子介导的基因转移。

(3)核移植转基因法。

(4)体细胞核移植法。

表　几种植物转基因方法比较

转基因方法	转化的优点	转化的缺点
DNA 间接转化法 农杆菌介导基因转移	受体种类，可以在原生质体、蛋细胞和细胞团、组织器官或整株等多级水平上进行，方法成熟可靠，简便易行，周期短，转化率高	转化双子叶植物为主。大多数单子叶植物和裸子植物对农杆菌的侵入不敏感，限制了该法在禾谷类作物中的应用。 转化体常出现“嵌合”现象，需在严格条件下加以选择以淘汰未转化细胞
DNA 直接转化法 (1)基因枪转化法 (2)电击法 (3)PEG 介导基因转化法 (4)花粉管通道法	无宿主限制，适用于各种单、双子叶植物，操作简单	转化效率低，需要专门设备(电击仪、显微操作仪或基因枪)，多数需要原生质体与愈伤组织，周期太长(电击法)

第三节　农业转基因技术的应用

一、转基因食品的发展史

转基因食品的发展历史实际上就是基因工程、转基因技术等生物技术的发展史。

1997 年我国批准转 BT 基因抗虫棉商品化应用。

1996 年澳大利亚批准转 BT 基因抗虫棉商品化应用。

1995 年我国成功构建双价抗虫基因(BT+CpTI)、美国批准转 BT 基因抗虫棉商品化应用。

1993 年第一种转基因食品——转基因晚熟番茄投放美国市场。

1992 年我国成功研制具有自主知识产权的单价 BT 基因、

澳大利亚引进孟山都公司的BT基因并转入到自己的主栽品种中。

1988年美国孟山都(Monsanto)公司获得转BT棉花、成功转化大豆1987年成功转化棉花和油菜、发明基因枪。

1986年成功转化马铃薯。

1985年创立农杆菌介导的“叶盘法”转基因系统，大大简化了以往利用原生质体为受体的转基因技术体系。

1983年世界上第一例转基因植物——一种含有抗生素药类抗体的烟草诞生。

1981年美国Schnepfh等首次从苏云金芽孢杆菌中分离克隆了BT基因，发现表达后的晶体蛋白对烟草夜蛾幼虫具有很高的毒杀作用，进而证明了晶体蛋白才是BT中真正的杀虫成分。

二、转基因技术的应用

(一)转基因技术应用于农业生产上，使作物(动物)育种从杂交育种走向基因育种

1. 植物抗性育种

抗性育种包括抗病、抗除草剂、抗虫和抗逆性作物的培育。

例：我国种植的转基因抗虫棉——抗棉铃虫。

2. 植物品质改善

例：萝卜素和番茄红素的番茄——防癌。

3. 转基因动物

(二)动物改良

使肉质改善、饲料增效、个体增大、体重增加、奶量提高、脂肪减少、增强动物抗病力等。

（三）转基因技术在医学上的应用

（1）利用转基因植物生产疫苗。

（2）利用转基因动植物生产其他生物药。

（3）基因治疗。

（四）植物转基因应用

植物转基因是基因组中含有外源基因的植物。它可通过原生质体融合、细胞重组、遗传物质转移、染色体工程技术获得，有可能改变植物的某些遗传特性，培育高产、优质、抗病毒、抗虫、抗寒、抗旱、抗涝、抗盐碱、抗除草剂等的作物新品种。而且可用转基因植物或离体培养的细胞，来生产外源基因的表达产物，如人的生长素、胰岛素、干扰素、白介素 2、表皮生长因子、乙型肝炎疫苗等基因已在转基因植物中得到表达。

1. 转基因作物的种类及种植面积

目前全球已拥有 120 多种转基因植物，其中转基因大豆、棉花、玉米、油菜、番茄等 50 余种转基因作物已开始商品化生产。

在所有转基因作物中，转基因的大豆、玉米、棉花和油菜的种植面积占 99%以上。全球种的转基因大豆占全球大豆总种植面积的 77%，棉花 49%、玉米 26%、油菜 21%。种植转基因作物所带来的总价值超过 600 亿美元。

2. 转基因作物的分布

2010 年，转基因作物种植覆盖 29 个国家，种植面积 1.48 亿 hm^2，累计面积超过 10 亿 hm^2。

2010 年种植面积超过 100 万 hm^2 的国家有 10 个，美国、巴西、阿根廷、印度、加拿大、中国、巴拉圭、巴基斯坦、南非和乌拉圭。

3. 中国的转基因作物

中国政府十分重视生物技术的研究，中国正在研发的转基因作物和林木有 47 种，涉及的基因种类超过 100 种。特别是在转基因抗虫棉、转基因水稻等领域的研究成果已居世界前列，2002 年，我国转基因作物种植面积突破 210 万 hm^2。

1997—2003 年，农业部已批准水稻、玉米、棉花、大豆、油菜、马铃薯、杨树等 10 种转基因植物进入田间释放，并批准转基因棉花、番茄、甜椒、矮牵牛花等 6 个转基因品种进行商业化种植。但转基因食品所占的比例很少。

4. 我国目前有多少转基因食品

已经超过 2 000万 t。

目前我国极少生产粮食、油料作物等转基因食品，只有一些转基因抗虫棉，但并不进入人的食物链。我国的转基因食品基本上都是进口的。

排在前三位的是：大豆、玉米、油菜。我国年进口大豆 1 500万 t，与国内自产的非转基因大豆数量相当。目前我国进口大豆主要用做加工原料，生产豆油、豆腐、豆奶等制品。

5. 主要转基因作物

(1)转基因棉花。是指将人工分离和修饰过的基因导入到棉花基因组中，引起棉花性状的可遗传性改变的棉花品种。1988 年，美国获得转苏云金芽孢杆菌(BT 杀虫基因)的转化棉株。1995 年，美国环保局批准商品化种植，1996 年进入我国，一度垄断 95%的国内抗虫棉市场。

(2)转基因大豆。转基因大豆的研究主要以耐除草剂和改善大豆品质为主。

耐除草剂：在美国有 3 个转基因大豆品种已应用，最多的是对除草剂草丁膦和草甘膦具有耐性的 2 个品种。2002 年种植面积占美国大豆的74%。可见，目前美国的大豆生产已经基本上普及了耐除草剂的转基因品种。

改善大豆成分：Mazur 等(1999)获得了种子油酸相对含量高达85%的大豆新品系，而且农艺性状优良。

(3)转基因玉米。转基因玉米的研究主要集中于提高抗虫性和耐除草剂方面。在美国，转基因玉米的种植面积占玉米总种植面积的比例在35%左右。其中抗虫 Bt 玉米的种植面积发展最快，所占近比例最大，2002 年约占玉米种植总面积的24%；耐除草剂玉米占7%～10%；兼具抗虫和耐除草剂特性的转基因玉米品种种植规模仍然不大，近年来仅占玉米种植总面积的1%～2%。

(4)转基因水稻。转基因水稻的研究主要集中在以下3个方面。

提高光合效率：将 C_4 作物玉米的 PEPC 基因导入水稻的基因组，从而改良了水稻的光合作用效率。

提高营养品质：Ye 等(2000)成功地将来自其他物种的 *psy*、*cntl* 和 *lcy* 基因整合到水稻基因组中，解决了水稻胚乳不能合成维生素 A 的难题。

增加抗逆性：纽约康乃尔大学的加戈等将大肠杆菌中两种负责合成海藻糖的基因导入到籼稻中。转基因水稻在恶劣环境条件下的生存能力比普通水稻更强。

(5)转基因马铃薯。抗病基因。抗病毒、抗真菌、抗细菌、抗除草剂和 Bt 基因。1996 年美国的转基因土豆种植面积约有1万英亩(1英亩=6.07亩)，1999年增加到了5万英亩。

生产可食疫苗。最近，Tacket 等(1998)利用表达肠产毒性大肠杆菌热不稳定性毒素(LT)的转基因马铃薯进行了人体免疫试验，结果表明这种转基因马铃薯在人体中也具有预期的免疫作用。

（五）动物转基因应用

1. 转基因动物

是通过人工的实验方法，将别的基因导入动物细胞，与动物本身的基因整合在一起，并随细胞的分裂而繁殖，并且能够将别的基因信息遗传给后代，严格意义上说，转基因动物是人工创造的新动物。

2. 主要转基因动物

(1)转基因牛。改善牛奶的成分。生产药物。增加产奶量。

(2)转基因猪。选育高产、优质、抗病新品种，建立人类疾病的转基因猪动物模型，揭示人类疾病的发病机理及治疗途径把转基因猪作为生物反应器，生产人类药用蛋白，利用转基因猪生产人体器官，为人体器官移植提供供体。

(3)转基因鱼。2003 年 11 月 21 日，在美国得克萨斯州，一种能发红色荧光的转基因斑马鱼在水中游动。一家美国公司打算将这种会发光的转基因热带鱼作为宠物在美国销售，售价估计为每条 5 美元。

中国 1985 年首先报道了第一例成功的转基因鱼。主要转入生长速度加快基因。

(4)转基因绵羊、山羊。对绵羊、山羊所进行的转基因研究大多集中于利用其乳腺作为生物反应器生产药用蛋白。1991 年，怀特等用将抗胰蛋白酶(ATT)基因转入绵羊，获得的 4 只转基因雌绵羊产生的乳汁中均含有 ATT，可用于治疗遗传性 ATT 缺乏症及肺气肿。用同样的方法，人们已获得了可在乳汁中表达 *htPA*(一种药用蛋白质)的山羊。1998 年年初，上海医学遗传所获得 5 只转基因山羊。其中一只奶山羊的乳汁中，含有堪称血友病人救星的药物蛋白——有活性的人凝血九因子。

(六)转基因的效益及风险

1. 转基因植物带来的经济效益

获益的主要途径有3个。

(1)当遇到虫害和杂草危害时，常规品种减产幅度较大，转基因作物品种相对增产。

(2)由于减少了杀虫剂和除草剂等农药的用量，降低了生产成本，农民的纯收入相对增加。

(3)通过减少农田害虫和杂草防治的工作量，节省劳力成本，相对增加了农民的经济收入。

2. 转基因植物带来的环境效益

保护动物：增加有益昆虫和动物种群的数量。1996年开始推广抗病虫作物以来，美国各种鸟类的数量均有明显增加。

降低农药污染：1996年开始推广种植抗虫和耐除草剂玉米、大豆和棉花后，1998年与1997年相比，这3种作物的农药施用面积约减少了1 910万英亩，相当于这3种作物农药施用总面积的6.2%，农药有效成分的用量也减少了大约250万磅(1磅=450g)。

3. 转基因食品的优点

(1)解决粮食短缺问题。

(2)减少农药使用，避免环境污染。

(3)节约生产成本，降低食物售价。

(4)增强食物营养，提高附加价值。

(5)增加食物种类，提高食品品质。

(6)促进生产效率，带动相关产业。

4. 转基因动物的作用

从目前的发展趋势看，转基因动物的研究和应用将是21世纪生物工程技术领域最活跃、最有实际应用价值的内容之一。转基因动物的应用将给人类医药卫生、家畜改良等领域带来革命性的变化。特别是在药物生产和供人类移植所用器官的生产等方面，其经济效益和社会效益将难以估量。

5. 转基因的风险

(1)可能破坏生物多样性，并造成生态灾难。

(2)可能产生新的病毒疾病。

(3)可能降低食品的营养价值，使其营养结构失衡。

(4)可能对有益生物产生直接或间接影响。

(5)可能导致一些非目标生物的不适应或消亡。

6. 转基因生物技术是发展最快的技术，也是争论最大的技术争论的焦点

(1)转基因植物的环境安全性。

(2)转基因生物 GMO 会不会变成病原物或生物武器。

(3)基因漂移、基因污染(野生资源)。

(4)“超级杂草”的可能性(抗除草剂)。

(5)对非靶标生物的影响(生物多样性)。

(6)转基因植物的食品安全性。

(7)毒性、过敏性。

第四节　我国转基因生物安全管理

一、我国转基因生物安全管理法律依据

(一)国务院令《农业转基因生物安全管理条例》2001 第 304 号

(二)农业部：8 号、9 号、10 号、59 号令

《农业转基因生物安全评价办法》；

《农业转基因生物标识管理办法》；

《农业转基因生物进口管理办法》；

《农业转基因生物加工审批办法》。

（三）国家质检总局

《进出境转基因产品检验检疫管理办法》。

二、我国转基因生物安全管理体系

见图 8－1。

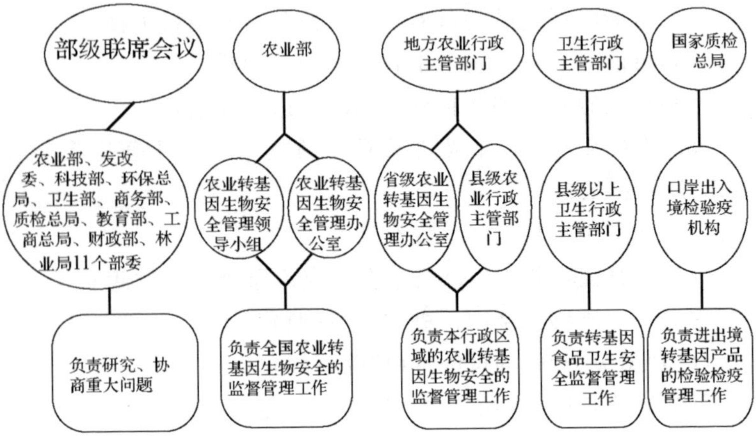

图 8－1　我国转基因生物安全管理体系

三、我国对农业转基因生物及其产品管理制度

安全评价制度、生产许可制度、经营许可制度、加工许可、产品标识制度和进口审批制度。

（一）农业转基因生物安全评价制度

安全评价是转基因安全管理工作的核心。

安全评价制度，主要实行报告制和审批制，对用于农业生产或农产品加工的植物、动物、微生物，以科学为依据，以个案审查为原则，实行分级分阶段管理。

按照对人类、动植物、微生物和生态环境的危险程度，分为尚不存在危险、具有低度、中度、高度危险4个等级。

我国对农业转基因生物实行严格的安全评价制度，由农业转基因生物安全委员会负责农业转基因生物的安全评价工作，最后由农业部审批(图8－2)。

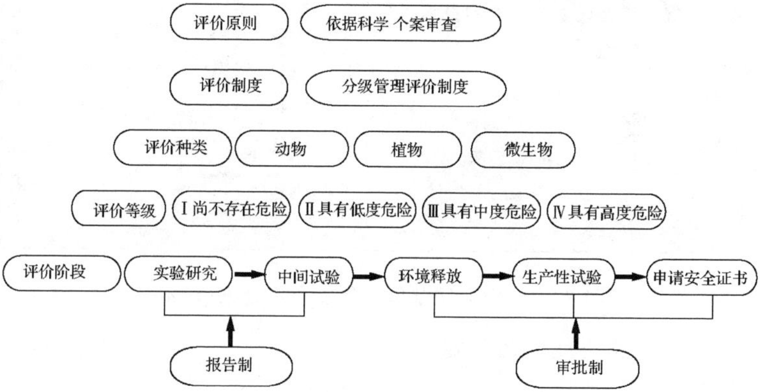

图8－2　我国农业转基因生物安全评价制度

1. 我国先后批准发放的安全证书

已经批准发放安全证书的转基因生物——抗虫棉、抗虫水稻、转植酸酶基因玉米、番木瓜、番茄、辣椒、矮牵牛、兽用基因工程基因疫苗。

已经投入商品化生产的转基因生物——抗虫棉、番木瓜、兽用基因工程基因疫苗。

2. 获得在河北省生产应用的安全证书(图8－3)

到2011年，获得在河北生产应用的安全证书474个，其中：棉花415个、畜禽工程疫苗58个、苏云金芽孢杆菌1个。

通过品种审定可以在河北种植的转基因作物只有抗虫棉作物，生产上推广的国审品种25个、省审品种71个。

河北省常年抗虫棉种植面积约50万hm^2。

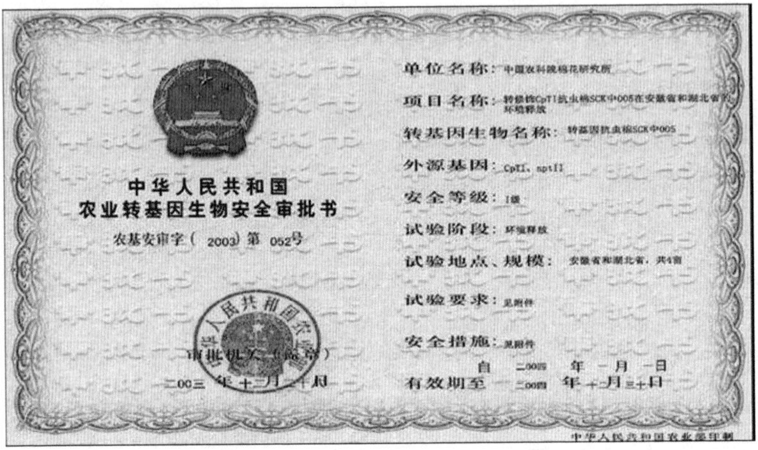

图 8-3　农业转基因生物安全审批书(样本)

3. 需强调说明的问题

获得生产应用安全证书并不等同于允许商品化生产。

批复的生产应用安全证书是有区域限制的(两个水稻品种仅在湖北、1 个玉米品种仅在山东)。

农业部从未批准任何一种转基因粮食种子进口到中国境内商业化种植，农业部从未批准国内进行转基因粮食作物种植。

河北仅有转基因棉花种植，至少 67 年不会有其他转基因作物投入生产。

(二)农业转基因生物进口审批制度

根据《农业转基因生物安全管理条例》和《农业转基因生物进口安全管理办法》，对进口的农业转基因生物，按照用于研究和试验、用于生产以及用作加工原料三种用途实行不同的管理。

目前，经农业转基因生物安全委员会评审，已先后批准了转基因棉花、大豆、玉米、油菜、甜菜 5 种作物的进口安全证书，用途仅限于加工原料(图 8-4)。

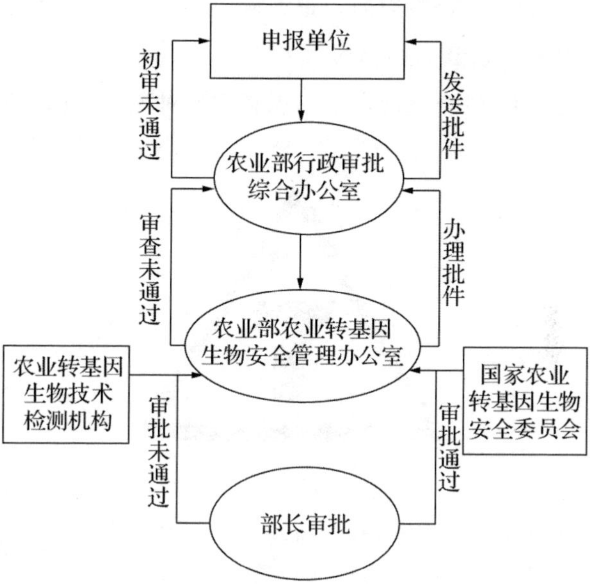

图 8-4 农业转基因生物进口审批制度

（三）农业转基因生物标识管理

为了加强对农业转基因生物的标识管理，规范农业转基因生物的销售行为，引导农业转基因生物的生产和消费，保护消费者的知情权，根据《农业转基因生物标识管理办法》，在中华人民共和国境内销售列入农业转基因生物标识目录的农业转基因生物，应当进行标识；未标识和不按规定标识的，不得进口或销售。

1. 第一批实施标识管理的农业转基因生物包括以下 5 类 17 种产品

（1）大豆种子、大豆、大豆粉、大豆油、豆粕。

（2）玉米种子、玉米、玉米油、玉米粉。

（3）油菜种子、油菜籽、油菜籽油、油菜籽粕。

（4）棉花种子。

(5)番茄种子、鲜番茄、番茄酱。

2. 对转基因产品标识的规定

农业部10号令—规定了标识管理的对象、标识内容等(图8-5)。

图8-5 转基因产品标识

农业部869号公告《农业转基因生物标签的标识》—规定了标识文字的大小、颜色、标注位置。

到2010年，河北省农业行政主管部门共办理了41个棉种企业和食用油加工企业提出的109份转基因标识审查认可申请。

3. 执行标识制度应注意的问题

标识管理对象是产品生产企业，包含打开原包装进行分装的单位或个人。

标识批准文件没有有效期，只要更换原包装、或改变产品成分、或重新申请安全证书的，需重新办理审查认可手续。

标识内容和方式按农业部门审查认可文件标注。

企业所在地县级以上农业行政主管部门均可办理审查认可手续，全国通用。市县审批部门要在15日内将文件报省农业厅转基因办备案。

(四)农业转基因生物生产经营许可制度

(1)按《农业转基因生物安全管理条例》(以下简称条例，全书同)第十七条规定，对转基因植物种子、种畜禽、水产苗种的生产、经营，必须申请领取转基因种子生产、经营许可证，是由农业部审批发证。

(2)依据《转基因生物安全管理条例》《种子法》《农作物种子生产经营许可证管理办法》。

(3)一般作物申请生产应用安全证书——农业部 8 号令(5 个阶段、按省审批)。

(4)抗虫棉申请生产应用安全证书——农业部公告第 989 号(直接申请、按区域审批)。

(5)涉及南繁的转基因农作物安全评价申报要求——农业部公告第 822 号。

种子转基因管理工作流程：

安全评价→品种审定→种子生产许可→种子经营许可→生产加工许可

↓　↓　↓　↓　↓

安全证书　品种证书　种子生产证书　种子经营证书　生产加工证书

四、转基因安全行政监管重点

(一)农业行政部门承担的管理职责

1. 国务院

建立农业转基因生物安全管理部际联席会议制度，由农业、科技、环保、卫生、教育、工商、外经贸、检验检疫等 11 个相关部门的负责人组成。

职责：研究、协调农业转基因生物安全管理工作中的重大问题。

2. 农业部

设立农业转基因生物安全委员会(由从事相关研究、生产、加工、检验检疫以及卫生、环保等方面的专家组成)，设立转基因生物安全管理办公室(设在科教司)。

承担的职责包括：

(1)制修订转基因生物安全管理法律法规及配套规章。

(2)受理并审批农业转基因生物安全评价申请。

(3)负责转基因生物安全的监督管理，指导不同生态类型区域转基因生物安全监控和监测工作，建立全国转基因生物安全监管和监测体系。

(4)受理审批境外公司或进口商提出的标识审查申请。

(5)查处违反《条例》的行为。

3. 省级以下农业行政部门

设立转基因生物安全管理领导小组和办公室，按照《条例》第 39 条、第 40 条和《农业转基因生物安全评价办法》第五章的规定，负责本行政区域内农业转基因生物安全的监督管理工作。

职责：

(1)相关配套规章、制度的制修订和培训。

(2)转基因生物安全突发事件应急处理。

(3)农业转基因生物安全的监督管理。

行政许可(行政审核)：

(1)农业转基因生物加工资质的审批(省级)。

(2)审核报部的农业转基因生物安全评价材料(省级)。

(3)审查认可农业转基因生物标识申请材料(省市县三级)。

(二)各级农业行政主管部门行使的监督管理职责

1. 职权范围

(1)询问被检查单位或人，要求提供相关材料。

(2)查阅或复制相关材料。

(3)要求做出说明。

(4)责令停止违法行为。

(5)对紧急情况实施封存或扣押。

2. 监督检查发现存在危险时

(1)禁止试验、生产、加工、经营和进口活动。

(2)收回安全证书。

(3)销毁农业转基因生物材料。

(4)视具体情况，按《条例》作相应处理。

(三)各级农业行政主管部门监督检查的工作内容

1. 对安全评价试验的监督检查

(1)检查对象。境内试验田和试验单位。

(2)检查目的。确保转基因生物研究试验活动在严格安全控制的条件下进行，防止发生试验材料流失、花粉扩散等转基因安全事件。

(3)检查内容。安全(审批)证书规定的安全控制措施。

播种期：试验材料的保存地点与方式、出入库交接手续、试验地点、试验面积，根据试验方案检查安全控制措施落实情况，剩余试验材料的处置情况等。

开花前：试验作物环境安全试验记录(试验方案、田间调查记录、试验报告等)、隔离措施设置(试验边界标志、隔离带、花期去雄、去花、套袋、花期不遇等)情况、试验面积等。

收获期：监督试验材料的收获、保管、处置及残留物灭活处理情况。

试验结束后：自生苗的去除措施及残留情况。

2. 对转基因种子市场的监督检查

(1)检查对象。种子生产企业、种子销售单位。

(2)检查内容。从检查种子包装入手，查验转基因生物安全证书、品种审定证书；种子生产、经营许可证(必须由农业部颁发)；转基因标识审查认可和标注情况。

对嫌疑种子抽取样品进行转基因成分检测，查处非法将转基因种子冒充非转基因种子的行为。

(3)检查目的。规范转基因种子生产经营行为。规范转基因标识以保证消费者知情权、选择权。

3. 对转基因农作物品种区试验的监督检查

(1)检查对象。棉花、玉米、大豆、水稻、油菜等参加品种区试生产性试验的品种。

(2)检查内容。转基因成分检测(即外源基因检测)。

(3)检查目的。防止转基因作物未经批准以非转基因品种进入农业生产领域。

4. 对转基因生物加工企业的监督检查

(1)检查对象。以具有活性的转基因生物为加工原料的企业(目前仅指以进口转基因大豆、转基因菜籽、转基因玉米为原料的加工企业)。

(2)检查内容。自原料入库开始到产品加工整个生产过程中的安全控制措施。

(3)检查目的。保证具有活性的转基因生物不流失到自然生产环境中。

(四)行政处罚

1. 对擅自从事环境释放、生产性试验的,或者已获批准但未采取安全管理、防范措施的,或者超过批准范围进行试验的,责令停止试验,并做经济处罚(省级)

(1)检查对象。转基因生物研究与试验单位。

(2)检查内容。研究与试验活动是否按要求进行报告或审批、实验室安全管理制度是否健全、研究材料是否单独存放且标志明显、田间试验是否落实了安全控制措施、材料包装是否安全、剩余材料和废弃物是否灭活处理、试验记录是否完整。

(3)认定依据。《条例》第11条、第12条、第13条、第14

条、第 15 条、第 16 条、第 17 条。

(4)处罚依据。《条例》第 43 条、第 44 条、第 45 条、第 46 条。

(5)执法主体。省、部级农业行政主管部门。

2. 对未按批准要求生产、加工农业转基因生物的，责令停止生产或加工，没收非法所得，并做经济处罚(省级)

(1)检查对象。种子生产企业、种子销售单位。

(2)检查内容。查验转基因生物安全证书、品种审定证书，种子生产、经营许可证。抽取种子样品进行转基因成分检测，查处非法将转基因种子冒充非转基因种子的行为。

(3)认定依据。《条例》第 19 条、第 23 条、第 26 条。

(4)处罚依据。《条例》第 47 条。

(5)执法主体。省、部级农业行政主管部门。

3. 对转基因植物种子、种畜禽、水产苗种生产、经营单位和个人未按规定制作、保存生产、经营档案的，责令改正并做经济处罚(省市县)

(1)认定依据。《条例》第 20 条、第 27 条。

(2)处罚依据。《条例》第 48 条。

(3)执法主体。县级以上农业行政主管部门。

(4)注意事项。转基因种子的生产档案除《种子法》规定的项目外，还要填写基因及其来源、转基因方法等内容。

4. 对违反标识管理规定的，责令限期改正，没收非法销售的产品和违法所得，并做经济处罚(省市县)

(1)认定依据。《条例》第 8 条、第 28 条及农业部 10 号令。

(2)处罚依据。《条例》第 52 条。

(3)执法主体。县级以上农业行政主管部门。

(4)列入标识管理目录的转基因生物。大豆种子、大豆、大豆粉、大豆油、豆粕；玉米种子、玉米、玉米油、玉米粉；

油菜种子、油菜籽、油菜籽油、油菜籽粕；棉花种子；番茄种子、鲜番茄、番茄酱。

5. 对假冒、伪造、转让或者买卖农业转基因生物有关证明文件的，收缴相应的证明文件，并做经济处罚(省市县)

(1)处罚依据。《条例》第53条。

(2)执法主体。县级以上农业行政主管部门。

(3)证明文书。农业转基因生物安全证书、审定公告、种子生产经营许可证、标识批件等。

6. 市县农业部门发现违法转基因种子处置措施

(1)立即查封种子，报告上级农业主管部门和省农业厅。

(2)对未获《转基因生物生产应用安全证书》的，即转基因种子冒充非转基因种子的，由省农业厅按《条例》第47条立案查处。

(3)对已获《转基因生物生产应用安全证书》的，与《种子法》相衔接，未取得农业部核发的种子生产、经营许可证的，由市县农业部门按无证生产经营行为立案查处，对未经审定的按未经审定品种处理。

上述违规种子必须销毁。

7. 市县执法部门发现违规试验后的处置措施

(1)立即查封试验材料、隔离试验场所，报告上级主管部门和省农业厅。

(2)配合省、部级农业主管部门开展调查，查证试验材料是否有扩散、对周边作物是否有污染等工作。

(3)协助销毁试验材料。

注：查询农业转基因生物安全管理的信息，请登录中国生物安全网(http：//www. stee. agri. gov. cn/biosafety)

河北农业信息网(http：//www. heagri. gov. cn)“科技教育”专业版块进行查阅。

第九章　农产品质量安全环境监督管理

为保证食品的质量，必须对其进行产地环境质量监测，绿色食品产地环境监测由省食品管理部门委托通过省级以上计量认证、在中国食品发展中心备案的环境保护监测机构实施。食品产品质量检测由中国食品发展中心直接委托已通过国家级计量认证的行业检测单位实施。

第一节　生态环境保护问题

一、实施生态环境保护的目的和意义

（一）节约能源资源，保护生态环境，是深入贯彻落实科学发展观、实现可持续发展的内在要求

在当前巩固经济发展企稳向好的关键时期，各地区各部门一定要采取更加强有力的措施，坚持把节能减排放在更加突出、更加重要的位置，加快发展太阳能等可再生能源，加快开发洁净煤、智能电网、新能源汽车、碳捕捉等技术，加快建筑节能步伐，培育以能源资源集约节约利用为特征的新的经济增长点，为实现经济社会可持续发展提供新的不竭动力。

（二）节约能源资源，保护生态环境，是当前世界各国关注的焦点

近年来，世界能源消费剧增，生态环境不断恶化，特

别是温室气体排放导致日益严峻的全球气候变化，人类社会的可持续发展受到严重威胁，走可持续发展之路逐步成为国际社会的共识。我国作为能源消费大国，人均资源少、环境容量小，节约能源资源，保护生态环境，是深入贯彻落实科学发展观、推进生态文明建设的必然选择。我国对节约能源资源，很早就给予了高度重视，提出应该建立适应可持续发展要求的生产方式和消费方式，优化能源结构，推进产业升级，努力建设资源节约型、环境友好型社会。要求必须把建设资源节约型、环境友好型社会放在工业化、现代化发展战略的突出位置，落实到每个单位、每个家庭。如今，节约能源资源，保护生态环境越来越成为各方面的自觉行动。

二、生态环境保护主要应该做的工作

（一）坚持把节能减排放在更加突出、更加重要的位置，不断加大工作力度

在保增长的过程中绝不能忽视节能减排，要不断完善政策措施和工作机制，切实使节能减排综合性工作方案落到实处。对钢铁、电解铝、水泥等高耗能、高排放行业，要采取措施，管住增量、调整存量、上大压小、扶优汰劣，支持企业围绕节能减排加快技术改造，进一步完善促进落后产能退出的政策措施。要继续抓好节能减排重点工程建设和重点流域水污染治理。要大力发展节能环保产业，依托重大工程项目，推广使用节能环保新技术、新工艺和新产品，推进矿产资源、水资源等的循环利用和垃圾资源化利用。要按照谁污染、谁治理，谁投资、谁受益的原则，促使企业开展污染治理、生态恢复和环境保护。要继续广泛深入地开展节能减排全民行动，大力弘扬健康文明、节能环保的生产方式。

（二）坚定不移地加快转变经济发展方式，推动产业结构优化升级

要进一步落实好重点产业调整和振兴规划，大力推进信息化与工业化融合，加快发展现代能源产业和综合运输体系。要采取综合措施，推动传统产业改造升级，制定和落实发展新兴产业的规划和政策。要完善服务业发展政策，支持服务业关键领域、薄弱环节发展，支持有条件的大城市逐步形成以服务经济为主的产业结构。要积极鼓励优势企业强强联合，鼓励关联企业、上下游企业联合重组。

（三）把自主创新作为结构调整、转变发展方式的中心环节

各企业在继续引进国外先进技术的同时，应把立足点转移到自主创新上来。要加快实施重大科技专项，进一步调整科技经费投入结构，确保重大科技专项资金及时足额到位；发挥行业骨干企业的带头作用，强化产学研结合，带动的中小科技企业参与重大专项实施。要围绕节能减排、环境保护、技术改造和产业升级、改善民生等重点领域，集中要素资源，着力突破一批支撑经济社会发展的核心关键技术，提升企业核心竞争力。要加强基础研究和前沿技术研究，建设一批开放共享的科技基础设施和平台，加强人才队伍建设，提升科技持续创新能力。要继续支持科技成果产业化和规模化应用，推动高技术产业集聚和特色产业基地发展。要发展创新文化，加大知识产权保护力度，形成全社会共同推进自主创新的良好环境。

与此同时，在着力扩大内需的过程中，还要不失时机地积极引导有利于能源资源节约的消费方式，动员全社会的力量努力营造有利于形成节约能源资源和保护生态环境的消费模式。要通过通俗易懂、丰富多彩的宣传，深入开展有关节能减排的宣传教育活动，促使广大消费者接受有利于形成节约能源资源和保护生态环境的消费理念并积极实践、大力推广。要进一步完善有利于形成节约能源资源和保护生态环境的消费政策措施，在不断挖掘城乡有效消费需求、提升消费意愿和购买力的同时，注重提高消费的质量，避免盲目的浪费行为，抑制不利于资源节约和环境友好的消费方式。

第二节　食品的产地环境质量监测

一、食品的产地环境质量监测概述

随着社会的进步，人口数量的增加，工业的发展，环境污染日趋严重。环境的污染导致食品中有害重金属及其他有害物质含量超过人体承受的限度，直接影响和危害人体健康。食品污染主要来自于三个方面：工业废弃物污染农田、水源和大气，导致有害物质在农产品中聚积；随着农业生产中化学肥料、化学农药、抗生素、激素等化学产品使用量的增加，一些有害的化学物质残留在农产品中；食品加工过程中一些化学添加剂的不适当使用，使食品中的有害物质增加。农业部颁发的《食品标志管理办法》第四条第一点明确指出：产品或产品原料的产地必须符合食品的生态环境标准。即农业初级产品或食品的主要原料，其生产区域内没有工业企业的直接污染及水域上游、上风口没有污染源对该区域构成污染威胁，使该区域内的大气、土壤质量及灌溉用水质量、养殖用水质量均符合食品的大气标准、土壤标准及水质标准。所以，建立食品生产基地，必须对产地的生态环境进行调查研究，取得代表环境质量的各种数据，即需要得到各种污染因素在一定范围内的时、空分布数据，这样才能对环境质量作出确切的评价。

食品产地环境质量是食品植物生长地和动物养殖地的空气环境、水环境和土壤环境质量的综合。环境监测就是用科学的方法监视和测定代表环境质量及发展变化趋势的各种数据的全过程。环境监测的过程包括现场调查、优化布点、样品采集、运送保存、分析测试、数据处理、综合评价等。现场调查主要包括水文、地质、地貌、土壤肥力、气候条件等自然环境资料；工业“三废”污染，外部污染源及农用化学物质使用情况；初级产品病虫害防治技术及公害控制情况；土壤类型、背景值、农药残留等资料；环境监测历史资料；农业生产基本情况等。根据现场调查资料、监测范围，研究采样点的数目和具体位置，确定采样时间，按规定采集样品，并将采集的样品和记录及时送往实验室或现场按规定方法进行分析测试。然后将测得的数据记录整理入报告表，并对数据进行处理和统计检验。最后将监测数据资料整理，依据农业行业标准 NY/T 391—2000《食品产地环境质量标准》、NY/T 1054—2006《食品产地环境调查、监测与评价导则》以及有关规定进行综合评价，并结合现场调查资料对监测资料作合理的解释，写出综合报告。

二、食品的产地环境质量监测内容

食品产地环境监测分类方法较多：按监测对象可分为大气监测、水环境监测和土壤监测；按监测手段可分为物理监测、化学监测和生物监测；按其目的和性质可分为基础性监测、监视性监测和仲裁监测。

食品原料产地环境质量评价工作主要选择那些毒性大、作物易积累的物质作为评价因子，具体为：

大气评价因子：二氧化硫、氮氧化物、总悬浮微粒、氟化物。

水评价因子：汞、镉、铅、砷、铬、溶解氧、pH 值、BOD_5、化学需氧量(COD)、有机氯、氟化物、氰化物、细菌总数、大肠菌群等。

土壤评价因子：土壤肥力指标、汞、镉、铅、砷、铬、六六六、DDT等。

食品产地环境监测时间原则上要求安排在生物生长期进行，一般在每年的4—10月。

环境监测中的采样点、采样环境、采样高度及采样频率的要求，按NY/T 1054－2006《食品产地环境调查、监测与评价导则》执行。

（一）空气环境监测

1. 空气污染的时空分布

空气监测中常会出现同一地点、不同时刻，或同一时刻不同空间位置所测定的污染物的浓度不同，这种不同时间、不同空间的污染物浓度变化，称之为空气污染物浓度的时空分布。由于空气污染物浓度的时空分布不均，空气质量监测中要十分注意监测（采样）地点和时间的选择。

2. 监测点分布原则

依据产地环境现状调查分析结论和产品工艺特点，确定是否进行空气质量监测。进行产地环境空气质量监测的地区，可根据当地生物生长期内的主导风向，重点监测可能对产地环境造成污染的污染源的下风向。

3. 点位设置

空气监测点设置在沿主导风走向45°～90°夹角，各监测点间距一般不超过5km。监测点应选择在远离树木、城市建筑及公路、铁路的开阔地带。各监测点之间的设置条件相对一致，保证各监测点所获数据具有可比性。

免测空气的地域：

（1）种植业。产地周围5km，主导风向20 km内没有工矿企业污染源的地域。

(2)渔业养殖区。只测养殖原料(饲料)生产区域的空气。

(3)畜禽养殖区。只测养殖原料(饲料)生产区域的空气。

(4)矿泉水、纯净水、太空水等水源地。

(5)保护地栽培及食用菌生产区。只测保护地、温室大棚外空气。

4. 采样地点

(1)产地布局相对集中，面积较小，无工矿污染源的区域，布设1～3个采样点。

(2)产地布局较为分散，面积较大，无工矿污染源的区域，布设3～4个采样点。

(3)样点的设置数量还应根据空气质量稳定性以及污染物对原料生长的影响程度适当增减。

5. 采样时间及频率

在采取时间安排上，应选择在空气污染对原料生产质量影响较大的时期进行，一般安排在作物生长期进行。

每天4次，上下午各2次，连采2 d。时间为：8:00～9:00，11:00～12:00，14:00～15:00，17:00～18:00。

6. 采样技术

按NY/T 397中第4.4节的规定执行。

7. 监测项目及分析方法

二氧化硫(SO_2)：GB/T 15262－1994 空气质量二氧化硫的测定甲醛吸收副玫瑰苯胺分光光度法、GB 8970－1988 空气质量二氧化硫的测定四氯汞盐副玫瑰苯胺分光光度法。

氮氧化物(以NO_2计)：指空气中主要以一氧化氮和二氧化氮形式存在的氮的氧化物。GB/T 15436－1995 环境空气氮氧化物的测定Saltzman法、GB/T 15435－1995 环境空气二氧化氮的测定Saltzman法。

总悬浮颗粒物(Total Suspended Particulate，TSP)：指能悬浮在空气中，空气动力学当量直径≤100μm 的颗粒物。GB/T 15432—1995 环境空气总悬浮颗粒物测定重量法。

氟化物(以 F 计)：以气态及颗粒态形式存在的无机氟化物。GB/T 15434—1995 环境空气氟化物的测定膜氟离子选择电极法、GB/T 15433—1995 环境空气氟化物的测定石灰滤纸氟离子选择电极法。

8. 空气环境质量要求

食品产地空气中各项污染物含量不应超过表 9-1 所列的浓度值。

表 9-1 空气中各项污染物的浓度限值

项目	浓度限值(mg/m^3，标准状态)	
	日平均	1h 平均
总悬浮颗粒物(TSP)	0.30	—
二氧化硫(SO_2)	0.15	0.50
氮氧化物(NO_x)	0.10	0.15
氟化物	7($\mu g/m^3$) 1.8[$\mu g/(dm^2 \times d)$](挂片法)	20($\mu g/m^3$)

注：日平均指任何一日的平均浓度；1h 平均指任何 1h 的平均浓度；连续采样 3d，1 日 3 次，晨、中和夕各 1 次；氟化物采样可用动力采样滤膜法或用石灰滤纸挂片法，分别按各自规定的浓度限值执行，石灰滤纸挂片法挂置 7d

(二)水环境监测

1. 布点原则

水质监测点的布设要坚持样点的代表性、准确性、合理性和科学性的原则。

坚持从水污染对产地环境质量的影响和危害出发，突出重点，照顾一般的原则。即优先布点监测代表性强，最有可能对产地环境造成污染的方位、水源(系)或产品生产过程中对其质量有直接影响的水源。

对于水资源丰富，水质相对稳定的同一水源(系)，样点布设1～3个，若不同水源(系)则依次叠加。

水资源相对贫乏，水质稳定性较差的水源，则根据实际情况适当增设采样点数。

生产过程中对水质要求较高或直接食用的产品(如生食蔬菜)，采样点数适当增加。

对水质要求较低的粮油作物、禾本植物等，采样点数可适当减少，同一水源(系)的采样点数，一般1～2个。

对于农业灌溉水系天然降雨的地区，不采农田灌溉水样。

矿泉水环境监测，只要对产地水源进行水质监测。属地表水源(系)的采样点数一般布设1～3个，属地下水源的采1个采样点。

深海产品养殖用水不必监测，只对加工水进行采样监测；近海(滩涂)渔业养殖用水布设1～3个采样点；淡水养殖用水，集中养殖区如水源(系)单一，布设1～3个采样点；分散养殖区不同水源(系)布设1个采样点。

畜禽养殖用水，属圈养或相对集中的，每个水源(系)布设1个采样点；反之，适当增加采样点数。

加工用水按国家GB 5749－85规定执行，每个水源(系)布设1个采样点数。

食用菌生产用水，每个水源(系)各布设1个采样点。

2. 布点方法

用地表水进行灌溉的，根据不同情况采用不同的布点方法。

直接引用大江大河水进行灌溉的，应在灌溉水进入农田前的灌溉渠道附近河流断布设采样点。

以小型河流为灌溉水源的，应根据用水情况分段设置监测断面。

灌溉水系监测断面设置方法：对于常年宽度大于 30 m，水深大于5 m 的河流，应在所定监测断面上分左、中、右3处设置采样点，采样时应在水面 0.3～0.5 m 处各采分样一个，分样混匀后作为一个水样测定；对于一般河流，一般可在确定的采样断面的中点处，在水面下 0.3～0.5 m 处采一个水样即可。

湖、库、塘、洼的布点方法：10 hm^2 以下的小型水面，一般在水面中心处设置一个取水断面，在水面下 0.3～0.5 m 处采样即可；10 hm^2 以上的大中型水面，可根据水面功能实际情况，划分为若干片，按上述方法设置采样点。

引用地下水进行灌溉的，在地下水取井处设置采样点。

3. 采样时间与频率

种植业用水：在农作物生长过程中灌溉用水的主要灌期采样一次。

水产养殖业用水：在其生长期采样一次。

畜禽养殖业：可与原料产地灌溉用水同步采集饮用水质一次。

矿泉水水源的样品采集，参照 GB 8537 和 GB/T 8538 中有关规定执行。

食品生产(加工)用水，按 GB 5749 规定执行。

4. 样品的采集技术

按 NY/T 396 中第 4.4 节的规定执行。

5. 监测项目和分析方法

pH 值：GB 6920—1986 水质 pH 值的测定玻璃电极法。

汞：GB 7468—1987 水质总汞的测定冷原子吸收分光光度法、GB 7469—1987 水质总汞的测定高锰酸钾—过硫酸钾消解法双硫腙分光光度法。

镉：GB 7471—1987 水质镉的测定双硫腙分光光度法、GB 7475—1987 水质铜、锌、铅、镉的测定原子吸收分光光度法。

砷：GB 7485—1987 水质总砷的测定二乙基二硫代氨基甲酸银分光光度法。

铅：GB 7470—1987 水质铅的测定双硫腙分光光度法、GB 7475—1987 水质铜、锌、铅、镉的测定原子吸收分光光度法。

铬：GB 7466—1987 水质总铬的测定、GB 7467—1987 水质六价铬的测定二苯碳酰二肼分光光度法。

氟化物：GB 7482—1987 水质氟化物的测定茜素磺酸锆目视比色法、GB 7483—1987 水质氟化物的测定氟试剂分光光度法、GB 7484—1987 水质氟化物的测定离子选择电极法。

氰化物：GB 7486—1987 水质氰化物的测定第一部分：总氰化物的测定、GB 7487—1987 水质氰化物的测定第二部分：氰化物的测定。

氯化物：GB 11896—1989 水质氯化物的测定硝酸银滴定法。

溶解氧：GB 11913—1989 水质溶解氧的测定电化学探头法、GB 7489—1987 水质溶解氧的测定碘量法。

挥发酚：GB 7490—1987 水质挥发酚的测定蒸馏后 4-氨基安替比林分光光度法、GB 7491—1987 水质挥发酚的测定蒸馏后溴化容量法。

化学需氧量(COD)：GB 11914—1989 水质化学需氧量的测定重铬酸盐法。

5日生化需氧量(BOD_5)：GB 7488—1987 水质5日生化需氧量(BOD_5)的测定稀释与接种法。

细菌总数：GB 5750—1985　生活饮用水检验规范平皿计数法测定细菌总数。

总大肠菌群：GB 5750—1985　生活饮用水检验规范滤膜法测定总大肠菌群。

粪大肠菌群：GB 5750—1985　生活饮用水检验规范滤膜法测定粪大肠菌群。

6. 水质要求

(1)农田灌溉水质要求。食品产地农田灌溉水中各项污染物含量不应超过表9-2所列的浓度值。

表9-2　农田灌溉水中各项污染物的浓度限值

项目	浓度限值(mg/L)
pH值	5.5～8.5
总汞	0.001
总镉	0.005
总砷	0.05
总铅	0.1
六价铬	0.1
氟化物	2.0
粪大肠菌群	10000(个/L)

注：灌溉菜园用的地表水需测粪大肠菌群，其他情况下不测粪大肠菌群

(2)渔业水质要求。食品产地渔业用水中各项污染物含量不应超过表 9－3 所列的浓度值。

表 9－3　渔业用水中各项污染物的浓度限值

项目	浓度限值(mg/L)
色、臭、味	不得使水产品异色、异臭和异味
漂浮物质	水面不得出现油膜或浮沫
悬浮物	人为增加的量不得超过 10
pH 值	淡水 6.5～8.5，海水 7.0～8.5
溶解氧	＞5
生化需氧量	5
总大肠菌群	5 000 个/L(贝类 500 个/L)
总汞	0.0005
总镉	0.005
总铅	0.05
总铜	0.01
总砷	0.05
六价铬	0.1
挥发酚	0.005
石油类	0.05

(3)畜禽养殖用水要求。食品产地畜禽养殖用水中各项污染物不应超过表 9－4 所列的浓度值。

表 9－4 畜禽养殖用水中各项污染物的浓度限值

项目	浓度限值(mg/L)
色度	15 度，并不得呈现其他异色
混浊度	3 度
臭和味	不得有异臭、异色
肉眼可见物	不得含有
pH 值	6.5～8.5
氟化物	1.0
氰化物	0.05
总砷	0.05
总汞	0.001
总镉	0.01
六价铬	0.05
总铅	0.05
细菌总数	100(个/ml)
总大肠菌群	3(个/L)

(三)土壤环境监测

1. 布点原则

食品产地土壤监测点布设，以能代表整个产地监测区域为原则。

不同的功能区采取不同的布点原则。

坚持最优秀监测原则，优先选择代表性强、可能造成污染的最不利的方位、地块。

2. 布点方法

在环境因素分布比较均匀的监测区域，采取网格法或梅花法布点。

在环境因素分布比较复杂的监测区域，采取随机布点法布点。

在可能受污染的监测区域，可采用放射法布点。

3. 样点数量

监测区的采样点数根据监测的目的要求，土壤的污染分布，面积大小及数理统计、土壤环境评价要求而定。

(1)大田种植区。对集中连片的大田种植区，产地面积在 2 000 hm^2 以内，布设 3～5 个采样点；面积在 2 000 hm^2 以上，面积每增加1 000 hm^2，增加一个采样点。如果大田种植区相对分散，则适当增加采样点数。

(2)设施种植业区。

保护地栽培：产地面积在 300 hm^2 以内，布设 3～5 采样点；面积在 300 hm^2 以上，面积每增加 300 hm^2，增加 1～2 个采样点。如果栽培品种较多，管理措施和水平差异较大，应适当增加采样点数。

食用菌栽培：按土壤样品分析测定、评价，一般 1 种基质采集 1 个混合样。

(3)野生产品生产区。对土壤地形变化不大、土质均匀、面积在 2 000 hm^2 以内的产区，一般布设 3 个采样点。面积在 2 000 hm^2 以上的，根据增加的面积，适当的增加采样点数。

对于土壤本底元素含量较高、土壤差异较大、特殊地质的区域可因地制宜的酌情布点。

(4)近海(滩涂)养殖区。底泥布设与水质采样点相同。

(5)深海和网箱养殖区。免测海底泥。

(6)特殊产品生产区。依据其产品工艺特点，某些环境因子(如水、土、气)可以不进行采样监测。如矿泉水、纯净水、太空水、元化水等，可免监测土壤。

4. 采样时间、层次

采样时间：原则上土壤样品要求安排在作物生长期内采样。

采样时间、层次：一年生作物，土壤采取深度为0～20cm；多年生植物(如果树)，土壤采取深度为0～40cm；水产养殖区，底泥采样深度为0～20cm。

5. 采样技术

按NY/T 397中第4章的规定执行。

6. 监测项目及分析方法

pH值：玻璃电极法(土∶水=1.0∶2.5)。

汞：土样经硝酸－硫酸－五氧化二钒或高锰酸钾－过硫酸钾消解后，冷原子吸收法测定。

镉：土样经盐酸－硝酸－高氯酸(或盐酸－硝酸－氢氟酸－高氯酸)消解后，萃取－火焰原子吸收法测定或石墨炉原子吸收分光光度法测定。

铅：土样经盐酸－硝酸－氢氟酸－高氯酸消解后，萃取－火焰原于吸收法测定或石墨炉原子吸收分光光度法测定。

砷：土样经硫酸－硝酸－高氯酸消解后，二乙基二硫代氨基甲酸银分光光度法测定；或土样经硝酸－盐酸－高氯酸消解后，硼氢化钾－硝酸银分光光度法测定。

铬：土样经硫酸－硝酸－氢氟酸消解后，高锰酸钾氧、二苯碳酰二肼分光光度法测定或加氯化铵液，火焰原子吸收分光光度法测定。

六六六和滴滴涕：GB/T 14550－1993 土壤质量六六六和滴滴涕的测定气相色谱法。

全氮：GB7 173－1987 土壤全氮测定法。

注：分析方法除土壤六六六和滴滴涕、全氮有国标外，其他项目采用行业标准来测定。

7. 土壤环境要求

食品产地各种不同土壤中的各项污染物含量不应超过表9－5所列的限值。将土壤按耕作方式的不同分为旱田和水田两大类，每类又根据土壤pH值的高低分为3种情况，即pH值<6.5，pH值为6.5～7.5，pH值>7.5。

表9－5 土壤中各项污染物的含量限值

单位：(mg/kg)

耕作条件	旱田			水田		
pH值	<6.5	6.5～7.5	>7.5	<6.5	6.5～7.5	>7.5
镉	0.30	0.30	0.40	0.30	0.30	0.40
汞	0.25	0.30	0.35	0.30	0.40	0.40
砷	25	20	20	20	20	15
铅	50	50	50	50	50	50
铬	120	120	120	120	120	120
铜	50	60	60	50	60	60

注：果园土壤中的铜限量为旱田中的铜限量的一倍；水旱轮作用的标准值取严不取宽

生产AA级食品时，转化后的耕地土壤肥力要达到土壤肥力分级1～2级指标(表9－6)。生产A级食品时，土壤肥力作为参考指标。

表 9-6 土壤肥力分级参考指标

项目	级别	旱地	水田	菜地	园地	牧地
有机质(g/kg)	1	＞15	＞25	＞30	＞20	＞20
	2	10～15	20～25	20～30	15～20	15～20
	3	＜10	＜20	＜20	＜15	＜15
全氮(g/kg)	1	＞1.0	＞1.2	＞1.2	＞1.0	—
	2	0.8～1.0	1.0～1.2	1.0～1.2	0.8～1.0	—
	3	＜0.8	＜1.0	＜1.0	＜0.8	—

(四)特殊产品的环境监测

依据产品工艺特点，某些环境因子(土壤、大气、水)事先报中心批准，可以不进行监测。根据几年来的监测实践经验及产品的特点，对以下几种产品的环境监测做如下规定：矿泉水环境监测只要求对水源进行水质监测，土壤、大气不必监测。深海产品只要求对加工水进行监测。野生产品的环境监测可以适当少布点。深山野生产品及深山蜂产品，水质及大气不要求监测。蘑菇等特殊产品监测要依据具体原料来源情况，经监测单位与中心商量后再确定。

主要参考文献

陈南凯．2015．农产品质量安全法律法规知识及监管工作手册[M]．昆明：云南科学技术出版社．

句荣辉．2015．农产品质量安全检测[M]．北京：北京师范大学出版社．

李中东，等．2014．技术扩散、政府规制与食品质量安全[M]．北京：经济科学出版社．

唐仲明．2014．农产品质量监督员[M]．济南：山东科学技术出版社．